STARK

TRAINING DEUTSCH

Frank Kubitza

Zeichensetzung 5.–7. Klasse

STARK

Bildnachweis

Umschlagbild: ullstein bild – CHROMORANGE
S. 7:   arsdigital – Fotolia.com
S. 19: AKS – Fotolia.com
S. 29: Tetastock – Fotolia.com
S. 79: treenabeena – Fotolia.com
S. 87: vencav – Fotolia.com
S. 91: Pingebat / iStockphoto

© 2012 by Stark Verlagsgesellschaft mbH & Co. KG
www.stark-verlag.de

Das Werk und alle seine Bestandteile sind urheberrechtlich geschützt. Jede vollständige oder
teilweise Vervielfältigung, Verbreitung und Veröffentlichung bedarf der ausdrücklichen Genehmigung
des Verlages.

Inhalt

Vorwort

- Alles erledigt? – Dein Trainingsplan 1
- Alles gewusst? – Deine Testauswertung 3
- Wo stehst du? – Dein Einstiegstest 4
- Warum brauchen wir Satzzeichen? 5

Zeichensetzung am Satzende 7

1 Punkt 8
2 Ausrufezeichen 13
3 Fragezeichen 16

Zeichensetzung bei der wörtlichen Rede 19

4 Satzzeichen bei der wörtlichen Rede 20

Kommasetzung 25

5 Kommas bei Aufzählungen 26
6 Kommas bei Hauptsätzen 30
7 Kommas bei Nebensätzen 36
8 Kommas beim Infinitiv 54
9 Kommas beim Partizip 62
10 Kommas bei Appositionen und nachgetragenen Erläuterungen 68
11 Kommas bei Gegensätzen und Einschränkungen 72
12 Kommas bei Ausrufen, Anreden und Hervorhebungen 75

Weitere Satzzeichen 79

13 Strichpunkt und Doppelpunkt 80
14 Gedankenstrich und Klammer 84

Zusammenfassende Übungen 87

Lösungen 91

Fachbegriffe 141

Autor: Frank Kubitza   **Illustrationen:** Barbara Steinitz

Vorwort

Liebe Schülerin, lieber Schüler,

wusstest du, dass Zeichensetzungsfehler mehr als die Hälfte aller Fehler in Texten ausmachen? Dabei stehen die Kommafehler an der Spitze. Wenn du die Zeichensetzung aber einmal gründlich trainiert hast, kannst du sie dein Leben lang. Dieses **Training** ist so aufgebaut, dass du die Zeichensetzung sicher lernst:

▶ Am Anfang des Buches findest du einen **Trainingsplan** und eine **Testauswertung**. Hier kannst du die Aufgaben, die du erledigt hast, abhaken und die Ergebnisse der Tests eintragen. So hast du einen guten Überblick, wie viel du trainierst hast, was du schon kannst und was du noch üben solltest.

▶ Mit den **zahlreichen Aufgaben** kannst du so lange trainieren, bis dir die Zeichensetzung keine Probleme mehr bereitet. Sie entsprechen **lernpsychologischen Erkenntnissen**, sodass du dir alles optimal merken kannst.

▶ Die Zeichensetzung beherrscht nur, wer die Baupläne von Sätzen versteht. Deshalb wiederholst du **grundlegendes Grammatikwissen**.

▶ **Infokästen** fassen alle wichtigen **Regeln** zur Zeichensetzung anhand von anschaulichen **Beispielen** übersichtlich zusammen.

▶ Die Kapitel enthalten **Tests**, mit denen du dein Wissen selbst überprüfen kannst. Zudem sorgen regelmäßige **Wiederholungen** dafür, dass du dir das Gelernte dauerhaft einprägst.

▶ Anhand der **Lösungen** kannst du kontrollieren, ob du erfolgreich gearbeitet hast. Versuche aber, die Aufgaben zunächst selbstständig zu lösen.

▶ Am Ende des Buches kannst du die verwendeten **Fachbegriffe** nachschlagen.

Erst die Übung macht den Meister! Arbeite dieses Buch daher systematisch durch. Du wirst Spaß dabei haben, denn das Training zur Zeichensetzung ist in eine **spannende Abenteuergeschichte** verpackt. Die Palme am Rand zeigt dir jeweils, wo es mit dieser Geschichte wieder weitergeht.

Viel Freude und Erfolg beim Trainieren wünscht dir

Frank Kubitza

Alles erledigt? – Dein Trainingsplan

Die größten Erfolge wirst du in deinem Training erzielen, wenn du die Übungsaufgaben von vorne bis hinten in der gegebenen Reihenfolge löst. In diesem **Trainingsplan** kannst du notieren, welche Übungen du schon gemeistert hast. Setze einfach einen Haken ✓ hinter die jeweilige Aufgabe.

Punkt (S. 8–12)

Aufgabe: 1 ☐   2 ☐   3 ☐   4 ☐   5 ☐

Ausrufezeichen (S. 13–15)

Aufgabe: 6 ☐   7 ☐   8 ☐
Wiederholung 1: Punkt   ☐

Fragezeichen (S. 16–18)

Aufgabe: 9 ☐   10 ☐
Wiederholung 2: Ausrufezeichen   ☐

Satzzeichen bei der wörtlichen Rede (S. 20–23)

Aufgabe: 11 ☐   12 ☐   13 ☐
Wiederholung 3: Fragezeichen   ☐

Kommas bei Aufzählungen (S. 26–29)

Aufgabe: 14 ☐   15 ☐   16 ☐
Wiederholung 4: Satzzeichen bei der wörtlichen Rede   ☐

Kommas bei Hauptsätzen (S. 30–35)

Aufgabe: 17 ☐   18 ☐   19 ☐   20 ☐
Wiederholung 5: Kommas bei Aufzählungen   ☐

Kommas bei Nebensätzen (S. 36–53)

Aufgabe: 21 ☐   22 ☐   23 ☐   24 ☐
Wiederholung 6: Kommas bei Hauptsätzen   ☐

2 ⬧ Alles erledigt? – Dein Trainingsplan

| Aufgabe: | 25 ☐ | 26 ☐ | 27 ☐ | 28 ☐ | 29 ☐ | 30 ☐ |
| | 31 ☐ | 32 ☐ | 33 ☐ | | | |

Wiederholung 7: Kommas bei Hauptsätzen ☐

Kommas beim Infinitiv (S. 54–61)

| Aufgabe: | 34 ☐ | 35 ☐ | 36 ☐ | 37 ☐ | 38 ☐ |

Wiederholung 8: Kommas bei Nebensätzen ☐

Kommas beim Partizip (S. 62–67)

| Aufgabe: | 39 ☐ | 40 ☐ | 41 ☐ |

Wiederholung 9: Kommas beim Infinitiv ☐

Kommas bei Appositionen und nachgetragenen Erläuterungen (S. 68–71)

| Aufgabe: | 42 ☐ | 43 ☐ |

Wiederholung 10: Kommas beim Partizip ☐

Kommas bei Gegensätzen und Einschränkungen (S. 72–74)

| Aufgabe: | 44 ☐ |

Wiederholung 11: Kommas bei Appositionen und Nachträgen ☐

Kommas bei Ausrufen, Anreden und Hervorhebungen (S. 75–77)

| Aufgabe: | 45 ☐ |

Wiederholung 12: Kommas bei Gegensätzen und Nebensätzen ☐

Strichpunkt und Doppelpunkt (S. 80–83)

| Aufgabe: | 46 ☐ | 47 ☐ |

Wiederholung 13: Kommas bei Ausrufen, Anreden und Hervorhebungen ☐

Gedankenstrich und Klammer (S. 84–86)

| Aufgabe: | 48 ☐ |

Wiederholung 14: Strichpunkt und Doppelpunkt ☐

Zusammenfassende Übungen (S. 88/89)

| Aufgabe: | 49 ☐ | 50 ☐ |

Alles gewusst? – Deine Testauswertung

In diesem Buch wird jedes Thema mit einem Test abgeschlossen. So kannst du deine Lernerfolge überprüfen. Die Lösungen und den Bewertungsschlüssel dazu findest du im Lösungsteil des Trainingsbandes (ab S. 91). **Kreuze** hier **an,** wie du abgeschnitten hast. ☒

	☺	😐	☹
Test 1: Punkt (S. 12)			
Test 2: Ausrufezeichen (S. 15)			
Test 3: Fragezeichen (S. 18)			
Test 4: Satzzeichen bei der wörtlichen Rede (S. 23)			
Test 5: Kommas bei Aufzählungen (S. 28)			
Test 6: Kommas bei Hauptsätzen (S. 34)			
Test 7: Kommas bei Nebensätzen (1) (S. 42)			
Test 8: Kommas bei Nebensätzen (2) (S. 46)			
Test 9: Kommas bei Nebensätzen (3) (S. 53)			
Test 10: Kommas beim Infinitiv (S. 61)			
Test 11: Kommas beim Partizip (S. 67)			
Test 12: Kommas bei Appositionen und Nachträgen (S. 71)			
Test 13: Kommas bei Gegensätzen und Einschränkungen (S. 73)			
Test 14: Kommas bei Ausrufen, Anreden und Hervorhebungen (S. 77)			
Test 15: Strichpunkt und Doppelpunkt (S. 83)			
Test 16: Gedankenstrich und Klammer (S. 86)			

Wo stehst du? – Dein Einstiegstest

Gleich kannst du mit deinem Training loslegen. Zuvor ist es aber sinnvoll, dass du herausfindest, wo genau deine Stärken bzw. Schwächen liegen. Viel Erfolg!

Setze die fehlenden Satzzeichen und schreibe die Satzanfänge groß.

Da du Lena und Christoph nun einige Zeit begleiten wirst, willst du sicher wissen wo die beiden wohnen. Sie kommen aus einem kleinen Ort in Süddeutschland Christoph ist in Südafrika geboren, weil sein Vater dort mehrere Jahre gearbeitet hat wie alt werden die beiden wohl sein Lena ist 12 Jahre alt, Christoph 14. Beide gehen also zur Schule was sie mal gerne und mal nicht so gerne tun ihnen geht es wahrscheinlich so wie dir du hast Fächer, die dir Spaß machen und Fächer, die du nicht magst Lena mag Biologie Deutsch und Englisch, Christoph Musik und Sport.
Christoph spielt gerne Badminton. Er erklärt das ist ein kämpferisches Spiel, bei dem ich mich richtig austoben kann anstatt nur rumzusitzen ihm ist es auch schon mal gelungen, im Spiel einen Schläger zu zerbrechen. Lena liest unheimlich gerne da sie auch viele Hörbücher hat, die sie sich sehr oft angehört hat kann sie manche Bücher fast auswendig nacherzählen. Christoph regt sich darüber manchmal auf Gitarre spielen, das ist es, was er sehr gerne macht. Spielst du auch ein Instrument Lena hat mit Blockflöte angefangen und ist dann zur Klarinette gewechselt sie sagt am meisten macht es mir Spaß im Musikschulorchester mitzuspielen mit anderen zusammen zu musizieren, das ist das Größte.
Hast du auch Geschwister wenn ja weißt du sicher, wie das ist mal versteht man sich gut mal streitet man sich. Einem großen Bruder macht es eben manchmal Spaß, die kleine Schwester zu ärgern sich heftig beschwerend so rennt Lena manchmal zu ihren Eltern, die die kleinen Streitereien aber nicht besonders ernst nehmen.

Vergleiche mit der Lösung auf S. 92 und trage dein Ergebnis hier ein:

Von **10 Kommas** habe ich _____ richtig gesetzt.

Von **10 Punkten** habe ich _____ richtig gesetzt.

Von **4 Doppelpunkten** habe ich _____ richtig gesetzt.

Von **3 Fragezeichen** habe ich _____ richtig gesetzt.

Von **4 Anführungszeichen** habe ich _____ richtig gesetzt.

Warum brauchen wir Satzzeichen?

Rechtschreibung (auch die Zeichensetzung) ist in erster Linie dafür da, es dem Leser leicht zu machen – und nicht dem Schreiber schwer. Das soll die erste kleine Aufgabe zeigen. Hier beginnt übrigens auch schon unsere Geschichte.

Lies den folgenden Text und überlege, was sich in den Absätzen jeweils ändert.

einetränekullertelenaüberdiewangealssieihrenelternzuwinktediestandenamkai deshamburgerhafensundwinktenihrundihrembruderchristophzudiefürzweim onatenachsüdafrikazuihrergroßmutterfahrendurftenumdiereisenochabenteuer licherzumachenhatteihrvatereinepassageaufeinemfrachtschiffgebucht

die kalahari sollte sie über das mittelmeer durch den suezkanal durch das rote meer durch den indischen ozean nach südafrika bringen christoph ihr älterer bruder hatte sich solch eine seereise schon lange gewünscht

Lena wäre lieber geflogen aber ihrem Bruder zuliebe nahm sie die 21 Tage auf See auf sich ihre Eltern wurden immer kleiner das Schiff nahm Fahrt auf und sie stupste Christoph in die Seite komm gehen wir auf die Brücke um dem Kapitän guten Tag zu sagen

Sie stiegen zur Brücke hinauf. Der Wind blies Lenas Haare in ihr Gesicht und Christophs Windjacke blähte sich zu einer Kugel auf. Der Wind schlug ihnen fast die Tür aus der Hand, als sie die Brücke betraten. ...

Beim Durchlesen des Textes ist dir klar geworden: Nicht nur die einzelnen Buchstaben sind nötig, damit ein Text gut verstanden wird, sondern auch andere Elemente spielen dabei eine Rolle.

▶ Im **ersten Absatz** sind die Buchstaben **ohne Leerräume** zwischen den einzelnen Wörtern in einer endlosen Schlange aneinandergereiht.
▶ Der **zweiten Absatz** ist schon einfacher lesbar, da die einzelnen Wörter durch **Zwischenräume** voneinander abgesetzt sind.
▶ Im **dritten Absatz** erkennt man sofort die Nomen, da sie am Anfang mit einem **Großbuchstaben** geschrieben werden.
▶ Und im **letzten Absatz** werden die Sätze durch **Punkte und Kommas** voneinander getrennt. So wird der „Strom der Wörter" in einzelne Teile untergliedert; man kann den Text viel besser lesen und verstehen.

Zeichensetzung am Satzende

Texte bestehen aus Sätzen – manchmal sind es nur wenige wie in einer SMS, manchmal sehr viele wie in einem Roman. Ein Satz ist immer auch eine **Sinneinheit**. Damit man beim Lesen sofort sieht, wo ein Satz aufhört und wo der nächste beginnt, gibt es **Satz-Schlusszeichen**. In diesem Kapitel lernst du, wann du welches Zeichen am besten einsetzt.

▶ Der **Punkt** steht am Ende von Aussagen und bei Abkürzungen.
▶ Ein **Ausrufezeichen** verwendet man nur, wenn man etwas mit besonderem Nachdruck sagen will.
▶ **Fragezeichen** markieren Sätze, in denen man eine (direkte) Frage stellt.

1 Punkt

Der Punkt ist **das am häufigsten verwendete Satzzeichen**. Du setzt ihn immer dann, wenn ein Satz endet, der eine **Aussage** enthält. Dazu muss man auch wissen, was genau ein Satz ist.

> **Der Punkt als Satzschlusszeichen**
>
> - Der Punkt steht am **Satzende**. Er zeigt an, dass der (Aussage-)Satz hier aufhört.
>
> - Ein **vollständiger Satz** besteht in aller Regel aus einem **Subjekt** (Satzgegenstand) und einem **Prädikat** (Satzaussage).
>   Beispiele: *Lena* (Subjekt) *liest* (Prädikat)**.**
>   *Christoph* (Subjekt) *spielt* (Prädikat)**.**

Ohne ein Prädikat würde man bei einer sprachlichen Äußerung nicht von einem „Satz" sprechen. Das Prädikat ist das wichtigste Satzglied.

> **Das Prädikat**
>
> - Das Prädikat bildet den **Kern des Satzes**. Um das Prädikat herum stehen die anderen Satzglieder.
>
> - Nach dem Prädikat fragst du so:
>   **Was tut** Lena? → *Lena <u>liest</u>.* → Prädikat
>
> - Da das Prädikat immer ein **Verb** beinhaltet, musst du nach dem Verb im Satz suchen.
>   Beispiele: *Neugierig betrachten sie den Ozean.*
>   Das Prädikat ist <u>betrachten</u>.
>   *Von der Brücke sieht er unendlich weit aus.*
>   Das Prädikat ist <u>sieht</u> … <u>aus</u>.
>   *Auf dem Deck waren Container festgezurrt.*
>   Das Prädikat ist <u>waren</u> … <u>festgezurrt</u>.
>
> - An den letzten Beispielen siehst du, dass das **Prädikat** auch **aus mehreren Teilen** bestehen kann. Das kommt sogar ziemlich häufig vor.
>
> - Auch bei **feststehenden Wendungen** ist das Prädikat umfangreicher.
>   *Die Geschwister <u>hatten</u> nun <u>Angst</u>. Dabei <u>waren</u> sie gerade erst <u>in See gestochen</u>.*

Tipp: Vielleicht fragst du dich, warum du dich mit Grammatik beschäftigen sollst, wenn du doch die Zeichensetzung lernen willst. Doch nur, wenn du den **Aufbau eines Satzes** verstehst, kannst du Satzzeichen richtig setzen. Besonders wichtig sind in diesem Zusammenhang Prädikat und Subjekt. Damit du sie zuverlässig erkennst, sind die Übungen zur Grammatik wichtig.

Zeichensetzung am Satzende 9

1 Unterstreiche die Prädikate in folgendem Text.

Die Container waren viele Meter hoch auf dem Deck gestapelt. Sie sahen aus wie Riesenbauklötze. Christoph fragte den Steuermann: „Können die Container vom Schiff herunterfallen?" Der Steuermann lachte kurz auf. „Das passiert. Riesenwellen haben in der Tat schon manchmal Containerschiffe umgestürzt." Lena schaute erschrocken. „Du musst keine Angst haben. Das kommt sehr selten vor." Christoph zuckte nur mit den Schultern. „Piraten gefährden doch Schiffe viel mehr als Riesenwellen. Besonders im Golf von Aden sollen viele Piraten ihr Unwesen treiben – und wir fahren durch den Golf von Aden." Kapitän Martin kam die Treppe hoch und nickte Christoph und Lena zu. ...

Tipp: Bei bestimmten Verben (*sein, werden*) kommt das **Prädikativ** vor. Man kann es als Teil des Prädikates auffassen oder als eigenes Satzglied:

Lena ist (Prädikat) *nervös* (Prädikativ).
Lena *wird nervös* (Prädikat).

Schau dir nun das zweite wichtige Satzglied, das Subjekt, an.

Das Subjekt
- Das Subjekt (der Satzgegenstand) besagt, wer in einem Satz etwas tut oder über welchen Gegenstand das Prädikat informiert.
- Es ist die Antwort auf die Frage **Wer oder was?.**
  Beispiele: Lena grüßt den Kapitän.
  Wer grüßt den Kapitän? → Lena grüßt den Kapitän. → Subjekt
  Die vielen Container sahen aus wie Riesenbauklötze.
  Was sah aus wie Riesenbauklötze? → Die vielen Container sahen aus wie Riesenbauklötze. → Subjekt
- Das Subjekt kann also aus einem, aber auch aus mehreren Wörtern bestehen. Manchmal sind es sogar sehr viele.
  Beispiel: Lena und Christoph, die beiden Geschwister, die sich schon auf ihre Seefahrt freuten (Subjekt), waren gespannt auf neue Erfahrungen.

Tipp: Es gibt auch Sätze, die ohne Subjekt vollständig sind:
Heute wird aufs Meer gefahren.   (Passiv-Satz)
Schau dir mal dieses riesige Schiff an!   (Imperativ-Satz)

2 Unterstreiche alle Subjekte.

Der Kapitän hatte die Worte der beiden Geschwister gehört. Er schüttelte den Kopf. „Riesenwellen und Piraten existieren, das ist klar. Sie sind aber nicht gefährlich. Riesenwellen und Piraten sind nämlich selten. Wenn man Auto fährt, denkt man doch auch nicht dauernd daran, dass ein Unfall geschehen könnte. So ist das auch hier auf dem Schiff. Ich fahre nun schon seit 27 Jahren zur See. Mir ist noch nie etwas passiert. Ihr könnt euch also beruhigt auf eurem Liegestuhl an Deck sonnen und an das warme Südafrika denken. Ihr seid hier so sicher wie bei euch zu Hause im Wohnzimmer." Der Kapitän nickte den beiden noch einmal aufmunternd zu und ging in seine Kajüte. ...

3 Unterstreiche die Subjekte blau und die Prädikate rot.

Lena und Christoph winkten dem Steuermann zu. Sie stiegen vorsichtig die steile Treppe hinunter. Staunend standen sie vor den auf dem Deck gestapelten Containern. Christoph zählte sie: Jeweils fünf hatte man übereinandergestapelt. Die beiden Geschwister wirkten neben den Containern richtig klein. Lena schlug vor, zum Bug zu gehen. Dort blies der Wind heftig, er zerzauste ihnen die Haare und trieb ihnen Tränen in die Augen. Möwen schwebten über ihnen in der Luft. Das Schiff schob eine gischtende Bugwelle vor sich her. Lena musste ein bisschen schlucken – zwei Monate würden sie ihre Eltern nicht sehen. Kleine Tränen kullerten ihre Wange hinab, doch Lena wollte tapfer sein. Gut, dass sie nicht in die Zukunft blicken konnte, vielleicht wäre sie da richtig erschrocken. ...

4 Unterstreiche die Subjekte blau und die Prädikate rot.
Füge die Satzschlusspunkte ein und schreibe die Satzanfänge groß.

Lena atmete tief durch alles wird gut werden wir werden viel Spaß haben in gefährlichen Situationen wird Christoph mich beschützen schwer klatschte der Bug des Schiffes in die Wellen sie waren größer geworden und dunkle Wolken waren aufgezogen „ich gehe unters Deck, denn ich friere", sagte Lena und zog Christoph am Arm „einen Moment noch, ich finde es klasse, wenn der Bug so hochgehoben wird" feine Tropfen fielen jetzt schon Christoph wurde widerstandslos von Lena unter Deck geführt sie gingen vorsichtig durch den engen Gang zu ihrer Kabine die Wellen schienen heftiger geworden zu sein sie mussten aufpassen, um nicht hinzufallen endlich hatten die Geschwister ihre enge Kabine erreicht da hatte

Zeichensetzung am Satzende 11

Christoph eine Idee: „mir ist langweilig wir sollten etwas Vernünftiges machen wir spielen das Abkürzungsspiel ich schreibe dir Abkürzungen und Wörter auf und du musst herausfinden, welche Abkürzung zu welchem Wort gehört.…

Neben der Markierung des Satzendes hat der Punkt eine weitere Funktion:

Der Punkt bei Abkürzungen
- Nach Abkürzungen wird in aller Regel ein Punkt gesetzt.
  Beispiele: usw., z. B., Jh., etc., Str. (aber: WM, FCKW, SPD)
- Steht eine Abkürzung mit Punkt am **Satzende**, dann wird **kein zusätzlicher Schlusspunkt** gesetzt. Der Abkürzungspunkt ist dann auch der Schlusspunkt.
  Beispiel: Sie wollten viele Tiere sehen, nämlich Löwen, Elefanten, Giraffen usw.

Zeichensetzung am Satzende

5 So sieht Christophs Abkürzungsspiel aus.
Hilf Lena: Welche Abkürzung gehört zu welchem Wort?

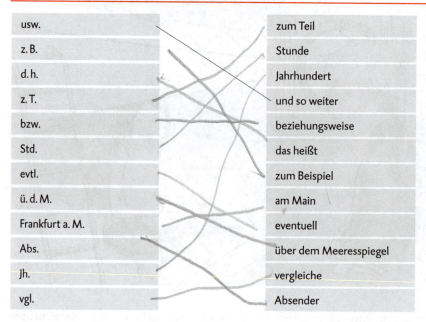

Test 1 Setze die notwendigen Punkte und schreibe die Satzanfänge groß.

> Ohne Punkte ist ein Text unübersichtlich, weil man Anfang und Ende der Sätze nicht schnell genug erkennen kann, sodass der Inhalt schwerer zu verstehen ist. Texte ohne Punkte sind anstrengender zu lesen, weil man selbst Anfang und Ende eines Satzes herausfinden muss. ein Punkt ist deshalb etwas sehr Praktisches, denn er kündigt an, dass eine Sinneinheit beendet wird. man könnte das Ende eines Satzes evtl. auch anders signalisieren, indem man z. B. bei jedem Satz eine neue Zeile anfängt, damit würde man aber für einen Text viel mehr Platz brauchen. Bücher würden auf diese Weise viel dicker werden. da ist der Punkt das bessere Mittel, um das Satzende zu signalisieren. sicherlich hast du jetzt beim Test alle Punkte richtig gesetzt.

Lösung und Auswertung findest du auf Seite 95.

2 Ausrufezeichen

Statt mit einem Punkt kannst du einen Satz auch mit einem Ausrufezeichen abschließen. Dieses solltest du jedoch **sparsam** verwenden, nämlich nur dann, wenn du etwas **mit besonderem Nachdruck** sagen möchtest. In diesem Buch werden z. B. die Arbeitsaufträge mit einem Punkt abgeschlossen, obwohl sie Aufforderungen sind – denn zu viele Ausrufezeichen wirken unhöflich.

> **Das Ausrufezeichen als Satzschlusszeichen**
> - Das Ausrufezeichen steht nach **Ausrufe-, Wunsch- und Aufforderungssätzen**.
>   Beispiele: *Was für ein herrliches Schiff!* (Ausruf)
>   *Wäre es doch bloß weniger stürmisch!* (Wunsch)
>   *Christoph, lass mich doch in Ruhe!* (Aufforderung)
> - Es steht auch nach sog. **Empfindungswörtern**.
>   Beispiele: *Pfui! Aua! Herrjeh! Oho! Juhu!*
> - Nach der **Anrede in Briefen** kann man ebenfalls ein Ausrufezeichen setzen (oder ein Komma).
>   Beispiel: *Liebe Lena! Wie geht es dir?* (oder: *Liebe Lena, wie geht es dir?*)
> - Bei der **Schlussformel in Briefen** steht kein Satzzeichen, außer sie enthält einen **Wunsch**.
>   Beispiele: *Liebe Grüße* | *Für deine Prüfung viel Glück!* (Wunsch)
>   *Dein Christoph* | *Deine Lena*

6 Schreibe hinter die Ausrufezeichen jeweils den Grund, warum sie gesetzt wurden (Ausruf, Wunsch, Aufforderung, Empfindungswort, Briefanrede).

„Mir reicht es! (_____), rief Lena aufgebracht, als Christoph ihr das nächste Blatt mit Abkürzungen zuschob. „Aber dabei lernst du doch was. Und schrei mich gefälligst nicht so an! (_____) Hätte meine kleine Schwester nur ein wenig mehr Respekt vor mir!" (_____) „Dass ich nicht lache. Au! (_____) Lass doch meinen Arm los!" (_____) „Entschuldigung, war nicht so gemeint", murmelte Christoph verlegen. „Weißt du, was wir machen? Wir schreiben einen Brief an die Eltern. Sie werden sich freuen, von uns zu hören." „Au ja, eine wunderbare Idee!" (_____), jubelte Lena. „Ich weiß schon den Anfang und den Schluss: *Liebe Mama, lieber Papa!* (_____) ... *Viel Spaß bei euch zu Hause!* (_____) *Lena und Christoph*" ...

7 Streiche diejenigen Ausrufezeichen, die sich durch Punkte ersetzen lassen.

Huch!", schrie Lena, als sie beinahe aus dem Bett fiel, weil das Meer immer unruhiger wurde. „Sei doch nicht so schreckhaft!", fuhr Christoph sie an, der sich auch erschrocken hatte und deshalb heftiger reagierte, als er es eigentlich wollte! „Entschuldigung! Tut mir leid! Ich wollte nicht so böse reagieren!" beschwichtigte er Lena, die gerade Luft holte zu einer passenden Antwort.
Beide lauschten den heftigen Schlägen, die die Wellen dem Schiff versetzten. „Hoffentlich wird der Sturm nicht stärker!", seufzte Lena, „ich glaube, dass wir bei dem Geschaukel den Brief erst morgen schreiben können, wenn das Meer wieder ruhig ist!" „Ich wünschte, du hättest Recht! Ich habe aber den Kapitän sagen hören, dass der Sturm morgen wohl noch nicht abgeflaut sein wird!" „Mist!", rief Lena, „ich habe mir unsere Schiffsreise anders vorgestellt! Irgendwie – sonniger und ruhiger!" ...

8 Setze Ausrufezeichen und Punkte. Schreibe auch die Satzanfänge groß.

„aber hallo schau mich an reiche ich dir nicht für dein Glück?", fragte Christoph. „blödmann wenn ich dich anschaue, bekomme ich Magenschmerzen" „sei nicht so frech wenn du mich weiter beleidigst, hüpfe ich durchs Bullauge ins Meer", alberte Christoph „au ja mach das doch das wäre der Clou aber leider passt du nicht durch das Bullauge du würdest stecken bleiben und ich hätte dann dauernd deine Füße vor meiner Nase" „so hat man's gern die Schwester charmant und nett", stöhnte Christoph „jetzt sei mal still hörst du das?", fragte er Lena „was soll ich hören?" „hörst du denn nicht dieses Knirschen?" ...

Zeichensetzung am Satzende 15

Test 2   Streiche die Ausrufezeichen, die sich durch Punkte ersetzen lassen.

> Aber hallo! Zeichensetzung sollte geübt werden! Ohne Fleiß kein Preis! Nur wer jeden Tag übt, wird erfolgreich die Zeichensetzung lernen! Die Tests helfen dir, deinen Lernerfolg festzustellen! Achte aber auf Folgendes! Auch wenn du jetzt weißt, wo du Ausrufezeichen setzen musst, solltest du nicht zu viele setzen! Denn sonst wirkt dein Text etwas unhöflich! Ein Ausrufezeichen macht nämlich einen Satz zu einem lauten Befehl! Mit Ausrufezeichen geht man sparsam um! Setze sie nur bei einem Ausruf oder einer dringlichen Aufforderung! Es wirkt aufdringlich, wenn du viele Sätze mit Ausrufezeichen aneinanderreihst! Punkte sind da oft geeigneter! Sie wirken unaufdringlicher und höflicher!

Lösung und Auswertung findest du auf Seite 96.

Wiederholung 1   Setze die Punkte und schreibe die Satzanfänge groß.

die beiden Geschwister sahen sich erschrocken an es war jetzt deutlich zu hören, dass der Sturm stärker geworden war das Schiff schoss über die Wellenkämme die Wellen hatten solche Kraft, dass ein deutliches Knirschen zu hören war, wenn der Bug tief in eine Welle eintauchte Lena klammerte sich ängstlich an ihren Bruder der saß steif auf der Bettkante und hörte konzentriert auf das Gewirr von Geräuschen, das auf ihn einstürmte „wenn das nur gut geht", murmelte er Lena sah in seinen Augen so etwas wie Angst aufblitzen aber nur kurz dann hatte er sich wieder im Griff er nahm seine Schwester in den Arm „es wird schon alles gut gehen für den Kapitän sind solche Stürme Alltag das ist sicher nicht der erste Sturm, den er erlebt er wird uns da schon gut durchbringen" Lena seufzte: „Hoffentlich hast du recht!" ...

3 Fragezeichen

Klug fragen können ist die halbe Weisheit. (Francis Bacon, englischer Philosoph)

> **Das Fragezeichen als Satzschlusszeichen**
>
> - Am **Ende eines Fragesatzes** steht ein Fragezeichen.
>   Beispiele: Kommst du gerade aus der Kajüte**?** Warum stürmt es nur so**?**
>
> - Auch am **Ende von Aussagesätzen** kann ein Fragezeichen stehen, wenn diese als Frage verstanden werden sollen. (Dann geht am Satzende deine Stimme nach oben.)
>   Beispiele: Du hast die Geräusche nicht gehört**?** Du fürchtest dich also auch**?**
>
> - Das Fragezeichen steht auch nach **einzelnen Fragewörtern**.
>   Beispiele: Wo**?** Warum**?** Wer**?** Wohin**?** Was**?**
>
> - Bei **indirekten** Fragesätzen steht **kein** Fragezeichen.
>   Beispiel: Christoph fragte Lena, ob sie auch etwas gehört habe.
>
> - Bei Fragesätzen, in denen **Erstaunen** ausgedrückt oder eigentlich zu etwas **aufgefordert** wird, stehen Ausrufezeichen am Ende.
>   Beispiele: Wem sagst du das**!** Kannst du nicht endlich still sein**!**

9 Trage die richtigen Satzzeichen in die Kästchen ein.

War der Kapitän überhaupt noch auf der Brücke ☐ Ja, er blickte beunruhigt auf die Wellen, die immer wieder das Schiff anhoben, um es danach in einem Wellental verschwinden zu lassen ☐ Wie lange würde das Schiff das aushalten ☐ Eine große Welle baute sich vor dem Schiff auf und wuchs und wuchs. Die Kalahari verschwand fast unter den Wassermassen, die über das Deck gischteten ☐ Verzweifelt rief der Kapitän ins Bordtelefon: „Wo seid ihr denn ☐ Warum kommt ihr nicht auf die Brücke ☐" In der Kajüte fragte sich Christoph, ob es noch lange so heftig stürmen würde ☐ Lena starrte vor sich hin. „Was hast du ☐", fragte Christoph ☐ „Kannst du mich nicht in Ruhe lassen ☐", schnappte sie zurück. Sie überlegte, ob es sicherer sei, in der Kabine zu bleiben ☐ Oder sollten sie nach oben gehen ☐ Dort wären sie schneller bei den Rettungsbooten. Hier unten kam sie sich wie in einer Konservendose vor. „Christoph, meinst du, es wäre sicherer, wenn wir nach oben gehen würden ☐" „Das überlege ich auch schon", entgegnete Christoph. Lena schüttelte den Kopf: „Warum machen wir es dann nicht ☐" „Ich weiß eben nicht, ob wir hier nicht sicherer sind", erwiderte ihr Bruder. „Langsam wird dir auch mulmig, nicht wahr, Christoph ☐" ...

Zeichensetzung am Satzende / 17

/ Tipp: Man unterscheidet zwei **Arten von Fragesätzen:**

Auf **Entscheidungsfragen** kann man nur mit Ja oder Nein antworten. Bei ihnen steht das Prädikat an erster Stelle, deswegen heißen sie auch „Satzfragen". – *Hast* du Angst? *Kommst* du mit?

Ergänzungsfragen werden mit einem Fragewort eingeleitet, sie werden daher auch „Wortfragen" genannt. – *Warum* hast du Angst? *Was* bedrückt dich?

10 Unterstreiche die Fragewörter bzw. die Prädikate, die Fragesätze einleiten.

Was sollten sie tun? Wo war die Gefahr größer, hier unten in der Kajüte oder oben auf dem Deck? Sie wussten es nicht. Beide saßen auf dem Rand des Bettes und spürten immer wieder, wie das Schiff zitterte, wenn eine große Welle den stählernen Rumpf traf. „Meinst du nicht, dass wir doch aufs Deck gehen sollten, um einfach mal nachzusehen, was los ist?", fragte Lena. „O. K., gehen wir", erwiderte Christoph. Was würde sie an Deck erwarten? Wo war die Mannschaft abgeblieben? Warum kümmerten sie sich nicht um die Passagiere? Im Gang brannte kein Licht. „Kannst du was sehen?", fragte Christoph. ...

Test 3 Ersetze Satzzeichen durch Fragezeichen, wo nötig.

> Vielleicht hast du dich schon einmal gefragt, was man unter einer **„rhetorischen Frage"** versteht. Wenn auf eine Frage keine (informative) Antwort erwartet wird, dann nennt man sie „rhetorisch". Wozu sind rhetorische Fragen also da. Sie sprechen den Leser an und steigern seine Aufmerksamkeit. Besonders gerne stellt man sie in Reden. Was würde ein Redner wohl machen, wenn einer seiner Zuhörer ihm auf eine rhetorische Frage antworten würde. Würde er auf den Zuhörer eingehen oder würde er verwirrt reagieren. Denn als Zuhörer auf eine rhetorische Frage zu antworten, ist ausgesprochen ungewöhnlich. Wer hat sich all das bloß ausgedacht!

Lösung und Auswertung findest du auf Seite 98.

Wiederholung 2 Setze die Ausrufezeichen, wo sie sinnvoll sind.

„Au", fluchte Lena. Sie hatte sich den Kopf angestoßen. „Pass auf, Christoph. Stoß dich nicht an", warnte Lena und tastete sich weiter durch den dunklen Gang. Obwohl Lena die Jüngere war, war sie manchmal mutiger als ihr großer Bruder. Vorsichtig ging sie Schritt für Schritt voran. „Geh bitte nicht so schnell. Ich bin doch keine Katze, die im Dunkeln sehen kann", rief Christoph, der hinter seiner Schwester zurückgeblieben war. „Mach schon. Beeil dich." Lena sah am Ende des Gangs Licht. Sie stieß ihren Bruder, der aufgeholt hatte, in die Seite. „Schau mal, Licht." „Mensch. Ich bin doch nicht blind", blaffte Christoph. Vorsichtig gingen die beiden Geschwister weiter. Sie mussten sich immer wieder an den Wänden abstützen, denn die Kalahari taumelte jetzt wild von einer Seite zur anderen. ...

Zeichensetzung bei der wörtlichen Rede

Texte werden viel **lebendiger**, wenn man in ihnen Personen sprechen lässt – getreu dem Motto „Schweigen ist Silber, Reden ist Gold." In diesem Buch z. B. reden Lena und Christoph ziemlich viel. Aber warum ist das so?
Wir Menschen leben nicht alleine, sondern in Gruppen. Und das schon seit vielen, vielen Jahrtausenden. Deswegen sind die anderen Menschen und besonders das, was sie sagen, für uns immer das Interessanteste.
In diesem Kapitel lernst du **die Satzzeichen der wörtlichen Rede** richtig zu setzen. Hier gibt es einige Besonderheiten zu beachten. Wenn du dir die folgenden Regeln gut einprägst, dürfte dir die Zeichensetzung bei der wörtlichen Rede aber künftig keine Probleme mehr bereiten.

4 Satzzeichen bei der wörtlichen Rede

Wenn du in einem Text wiedergeben möchtest, was jemand wortwörtlich gesagt hat, dann brauchst du bestimmte Satzzeichen, um dies dem Leser zu verdeutlichen.

Kennzeichnung der wörtlichen Rede

- Die wörtliche Rede wird von **Anführungszeichen** eingeschlossen.
  Beispiele: *„Es stürmt aber ganz schön draußen."*
  „Das wird gefährlich!"
  „Hast du Angst?"

Redebegleitsätze (**Er sagte:** „ …"; „ …", **rief sie.**) leiten eine wörtliche Rede ein oder schließen sie ab – je nachdem, wo sie stehen. Du kannst sie formulieren, musst es aber nicht tun (wenn dem Leser ohnehin klar ist, wer spricht).

Redebegleitsätze

- Steht der Begleitsatz **vor der wörtlichen Rede**, wird er mit einem **Doppelpunkt** abgeschlossen.
  Beispiel: *Christoph sagte:* *„Es stürmt aber ganz schön draußen."*

- Steht der Begleitsatz **nach der wörtlichen Rede**, wird der Punkt weggelassen und nach dem Anführungszeichen steht ein **Komma**.
  Beispiel: *„Es stürmt aber ganz schön draußen"**,** sagte Christoph.*

- Endet die wörtliche Rede jedoch mit einem **Ausrufezeichen** oder einem **Fragezeichen**, dann bleiben diese erhalten (im Gegensatz zum Punkt).
  Beispiele: *„Puh, es stürmt ganz schön draußen!", rief Christoph.*
  „Stürmt es draußen?", fragte Christoph.

- Steht der **Begleitsatz mitten in der wörtlichen Rede**, wird er durch **zwei Kommas** abgetrennt.
  Beispiel: *„Meine Schwester"**,** staunte Christoph**,** „ist manchmal doch mutiger, als ich gedacht hatte."*

Achte auch auf die **Groß- und Kleinschreibung.**

11 Unterstreiche die wörtlichen Reden und setze die Anführungszeichen.

Schau mal, da geht's zur Brücke, sagte Christoph und deutete auf die Eisentreppe, die nach oben führte. Ob da noch einer oben ist?, fragte Lena. Sicher, irgendwer muss doch das Schiff steuern, meinte Christoph. Sie mussten sich immer wieder festhalten, da das Schiff wie ein Betrunkener von einer Seite auf die andere wankte. Christoph stieß die Stahltür zur Brücke auf. Kapitän Martin schaute sich um, als er das Knarren der Tür hörte, und rief erleichtert: Ich habe euch schon fast verloren gegeben!
Sie schauten durch die großen Fenster auf das Deck. Wo vor kurzem noch mehrstöckig bunte Container standen, war nur noch das leere Deck zu sehen. Bis zur Scheibe gischteten die Wellen hoch, die der Scheibenwischer kaum wegschaufeln konnte. Wo sind die Container geblieben?, fragte Christoph. Sie schwimmen munter im Meer. Der Sturm hat sie vom Deck gerissen. Die Matrosen, die die Container sichern wollten, sind gleich hinterhergespült worden. Eine Welle hat sie einfach mitgenommen. Das ist ja furchtbar!, rief Christoph entsetzt. Wo ist denn der Rest der Mannschaft? Der Maschinenraum ist noch mit vier Leuten besetzt, auf der Krankenstation sind drei und drei kümmern sich im Frachtraum darum, dass die Ladung nicht weiter verrutscht. …

22 Zeichensetzung bei der wörtlichen Rede

12 Setze alle Satzzeichen bei den wörtlichen Reden.

Ich versuche einigermaßen den Kurs zu halten meinte Kapitän Martin was aber in dem Sturm schwierig ist. Er saß müde und in sich zusammengesunken auf seinem Sessel und steuerte mit dem Joystick das große Schiff. Ich kann vor Müdigkeit kaum mehr die Augen offen halten. Redet mit mir, damit ich nicht einschlafe! Lena und Christoph schauten erschrocken erst auf den Kapitän und dann auf die tobende See. Sie fragten sich, ob das gut gehen konnte. Werden wir den Sturm überstehen fragte Christoph vorsichtig. Wenn er nicht stärker wird, dann ja. Was sagt der Wetterbericht? Die Windstärke soll noch einmal zunehmen. Aber vielleicht ist unser Gebiet nicht betroffen.
Durch die großen Scheiben der Brücke sahen sie, wie der Bug des Schiffes immer wieder an einer Welle in die Höhe kletterte und dann gischtend in das Wellental abtauchte. Gott sei Dank funktioniert unsere Stabilisierungsanlage gut! Sie verhindert, dass das Schiff sich zu sehr neigt und dann umkippt meinte Kapitän Martin und rieb sich die Augen. Was passiert denn, wenn die Stabilisierungsanlage ausfällt fragte Christoph ängstlich. Dann wird es wirklich sehr gefährlich. Dann werden wir ein Spielball der Wellen und unser Schiff kann in eine zu große Schieflage geraten und kentern und dann – dann ist es aus seufzte Kapitän Martin. ...

13 Unterstreiche die wörtlichen Reden, ergänze die Anführungszeichen und finde abwechslungsreiche Verben.

Achtung, haltet euch fest!, ~~sagte~~ _____ der Kapitän, da kommt eine große Welle. Christoph und Lena klammerten sich an einer Haltestange fest. Christoph, ich habe Angst, ~~sagte~~ _____ Lena. Christoph strich ihr kurz über den Kopf und ~~sagte~~ _____ : Es wird schon werden. Das Schiff stieg und stieg in die Höhe und rauschte dann wieder in die Tiefe und sie sahen nur noch Wasser. Geschafft!, ~~sagte~~ _____ Kapitän Martin, ich weiß aber nicht, wie oft unser Schiff das noch aushält. Christoph und Lena hielten sich noch immer ganz verkrampft fest. Wollt ihr euch ewig so festhalten?, ~~fragte~~ _____ Martin, ich sage euch schon, wann es wieder so weit ist. ...

Test 4 Ergänze die fehlenden Satzzeichen bei den wörtlichen Reden.

> Warum soll man in einer Erzählung wörtliche Rede verwenden fragt Benjamin seinen Lehrer. Du sollst wörtliche Rede verwenden, weil die Erzählung dadurch lebendiger wird erklärt Herr Müller. Wird meine Note dann besser, wenn ich viele Dialoge in meine Erzählung einbaue fragt Benjamin. Das hängt davon ab meint sein Lehrer ob sie lebendig und interessant formuliert sind Kann ich auch eine Erzählung schreiben, die nur aus Dialogen besteht Nein, antwortet Herr Müller, denn das wäre ja keine Erzählung mehr, sondern ein kleines Theaterstück.

Lösung und Auswertung findest du auf Seite 100.

Wiederholung 3 Setze Punkte und Fragezeichen.

Wann würde das endlich aufhören ☐ Er würde das nicht mehr lange aushalten, dachte Christoph. Spürte Lena, dass auch er Angst hatte ☐ Er fragte sich, warum in aller Welt sie diese Reise mit dem Schiff eigentlich machen mussten ☐ Und wer hatte sie wohl auf diese Idee gebracht ☐ Natürlich er selbst. Er wollte ja nicht fliegen, sondern sich den Wind um die Nase wehen lassen. An einen Sturm hatte er dabei wirklich nicht gedacht ☐ Wenn Lena etwas passieren würde, was wäre dann ☐
„Wo sind eigentlich die Rettungsboote ☐", fragte er den Kapitän. „Wir haben keine Rettungsboote, sondern Rettungsinseln. Es gibt vier, die an Deck festgezurrt sind." „Womit sind sie ausgestattet ☐", wollte der Junge wissen. „Die Rettungsinseln haben an Bord Trinkwasser, Notverpflegung, ein Messer, Tabletten gegen Seekrankheit, einen Erste-Hilfe-Koffer, Paddel, Signalpfeifen, Signalraketen und einen Treibanker." „Wir können also in einer so kleinen Rettungsinsel überleben, wenn das Schiff sinkt ☐" fragte Christoph ☐ „Warum zweifelst du ☐", erwiderte Kapitän Martin, „natürlich sind sie dafür gebaut, großen Stürmen standzuhalten." ...

Kommasetzung

Der intelligente Mensch denkt an sich selbst zuletzt.

Der intelligente Mensch denkt an sich, selbst zuletzt.

Er versprach, schnell zu rennen.

Er versprach schnell, zu rennen.

Hängen soll man ihn, nicht laufen lassen!

Hängen soll man ihn nicht, laufen lassen!

Wir essen jetzt, Opa!

Wir essen jetzt Opa!

Lehrer sagen, Schüler hätten es doch wirklich gut.

Lehrer, sagen Schüler, hätten es doch wirklich gut.

Hochzeit geplatzt: Er wollte, sie nicht.

Hochzeit geplatzt: Er wollte sie nicht.

Das Komma ist das Satzzeichen, bei dem **die meisten Fehler** passieren. Denn man muss den grammatischen Aufbau der Sätze verstehen, bevor man ein Komma richtig setzen kann. Darum ist dieses Kapitel auch ein wenig länger. Du wirst aber sehen: Es ist gar nicht so schwierig, Kommas richtig zu setzen.

Außerdem sind Kommas hilfreich für **das Lesen und das Verstehen von Texten**, denn sie gliedern Sätze in kleine Häppchen, die wir leichter begreifen können. Besonders **bei langen Schachtelsätzen** ist das eine große Hilfe. Achte einmal darauf, wie viel Zeit du beim Lesen von einem Satzzeichen zum nächsten benötigst. Meist sind es nicht mehr als drei Sekunden – genau die Zeitspanne, die wir als Gegenwart empfinden.

Teilweise hat ein Satz sogar eine völlig andere **Bedeutung**, je nachdem, ob und wo du ein Komma setzt. Schau dir nur einmal die Sätze oben an!

5 Kommas bei Aufzählungen

In diesem Buch lernst du etwas über Punkte Kommas Strichpunkte Anführungszeichen Ausrufezeichen und Fragezeichen. – Sieht es nicht verwirrend aus, wenn man zwischen die einzelnen Glieder einer Aufzählung keine Kommas setzt? Das würde beim Lesen richtig anstrengen, das Auge hätte keine „Haltepunkte" und würde sich zwischen den Wörtern regelrecht verlieren.

Aufzählungen

- Die **einzelnen Glieder** einer Aufzählung werden durch Kommas abgetrennt.
  Beispiel: Rettungsinseln haben Trinkwasser, Notverpflegung, ein Messer, Paddel, Tabletten gegen Seekrankheit, einen Erste-Hilfe-Koffer, Signalpfeifen, Signalraketen und einen Treibanker an Bord.

- Der **letzte Bestandteil** wird dabei mit *und, oder* bzw. *sowie* angeschlossen. Vor diesem *und, oder* und *sowie* steht **kein Komma**.

- Es steht auch dann **kein Komma**, wenn die Glieder einer Aufzählung mit folgenden Wörtern verbunden werden: *entweder – oder, weder – noch, sowohl – als auch*.
  Beispiele: **Entweder** wird eine Signalpfeife **oder** eine Signalrakete benutzt.
  Weder das mitgeführte Trinkwasser **noch** die Notverpflegung reichen länger als eine Woche.
  Sowohl das Messer **als auch** das Paddel sind unverzichtbare Teile der Ausrüstung.

- **Gleichrangige Adjektive** vor einem Nomen werden mit einem Komma abgetrennt.
  (**Tipp:** Wenn zwischen die beiden Adjektive ein *und* gesetzt werden kann, dann sind sie gleichrangig.)
  Beispiele: die kleine, abgegriffene Signalpfeife (die kleine **und** abgegriffene Signalpfeife)
  aber: die wichtigsten seemännischen Kenntnisse („seemännische Kenntnisse" als eine zusammengehörige Einheit)

---

14 Markiere die Aufzählungen im Text.

„Trinkwasser, Notverpflegung und Messer sind das Wichtigste", meinte Christoph. „Nein, ich denke, dass Signalpfeife, Signalraketen und Trinkwasser das Wichtigste sind. Wasser brauchst du zum Überleben, Signalraketen und Signalpfeife, damit du überhaupt gefunden wirst", warf Lena ein. Kapitän Martin, Lena und Christoph schauten immer wieder kritisch aufs Meer hinaus. Wind und Wellen hatten sich jetzt etwas beruhigt. Das große, breite Frachtschiff stampfte noch immer heftig in den Wellen. „Wäre es nützlich, auch ein Funkgerät, ein paar Brettspiele, Decken und eine

Taschenlampe in der Rettungsinsel mitzunehmen?", fragte Lena. „Eine Taschenlampe brauchst du nicht, weil es eine elektrische Beleuchtung innen und außen gibt. Decken, Brettspiele und ein Funkgerät wären sicherlich eine gute Idee. Aber irgendwann ist die Rettungsinsel dann überladen. Menschen sollen ja eigentlich auch noch mit rein", scherzte der Kapitän. „Weder Brettspiele noch Decken bringen etwas! Hauptsache, man wird schnell gefunden!", schimpfte Christoph, den die in seinen Augen dumme Diskussion in dieser Situation ungeheuer nervte.
Sowohl der Kapitän als auch Lena schüttelten den Kopf über den unnötigen, heftigen Ausbruch Christophs. „Ich habe noch Salzstangen, Käse und ein bisschen Brot hier", sagte Kapitän Martin versöhnlich. Erst jetzt fiel Christoph und Lena auf, dass sie schon lange nicht gegessen hatten. ...

15 **Markiere die Kommas bei Aufzählungen.**

Der Kapitän bediente den Joystick, mit dem er das Schiff steuerte. Der Maschinentelegraf, der Radarbildschirm, der Kompass und ein altmodisches Telefon waren in seiner Nähe platziert. Christoph griff nach einem dicken, blauen Buch, das auf dem Kartentisch lag: *Handbuch Nautik – Navigation*. Das war weder eine spannende noch eine interessante Lektüre. Er schlug das Stichwortverzeichnis auf: Lenzen im schweren Wetter, Mann über Bord, Manöver des letzten Augenblicks, Manövrierunterlagen, Meeresverschmutzung, Notstopp mit Bugankerhilfe. Was wohl das „Manöver des letzten Augenblicks" war? Er schlug die Seite auf und las:

„Befinden sich zwei Schiffe auf Kollisionskurs, weil der Ausweichpflichtige kein Ausweichmanöver einleitet, dann muss der Kurshalter das Manöver des letzten Augenblicks einleiten, um die Kollision zu vermeiden oder den Schaden zu minimieren." – „Na, ist doch logisch! Wozu brauche ich da ein Handbuch?", dachte Christoph und legte es kopfschüttelnd wieder zurück. ...

16 Setze die fehlenden Kommas bei den Aufzählungen.

Na gut! Jetzt ist es wenigstens ein bisschen ruhiger, dachte Christoph. Der Kapitän hat das Schiff gut im Griff. Lena ist weniger aufgeregt. Seine kleine Schwester war für ihre Verhältnisse wirklich ruhig gelassen und mutig. Entweder der Sturm hört jetzt bald auf oder er hält in diesen Breiten noch eine lange bittere Woche an. Weder er noch Lena hatten Lust auf mehr Sturm. Aber er Lena der Kapitän und die übrig gebliebene Besatzung würden das sicher auch schaffen. Er sah auf die schlaffe rote Fahne, die über dem Deck hing. Warum war es auf einmal so windstill? Ein Atemholen des Sturms das Ende oder nur eine kleine wohltuende Pause? ...

Test 5 Setze bei den Aufzählungen die Kommas.

> Eigentlich ist es einfach: Entweder man setzt ein Komma einen Punkt einen Strichpunkt ein Ausrufezeichen oder ein Fragezeichen – oder man verzichtet ganz darauf. Die alten Ägypter mit ihren Hieroglyphen die Germanen mit den Runen oder die Sumerer mit der Keilschrift hatten auch keine Satzzeichen und sind damit zurechtgekommen. Schüler Eltern Lehrer also jeder, der schreibt, müsste sich nicht mehr mit den manchmal etwas schwierigen deutschen Kommaregeln auseinandersetzen. Aber andererseits machen sowohl Punkt als auch Komma lange komplizierte Sätze übersichtlicher lesbarer und damit verständlicher. Deswegen wird das Üben der Zeichensetzungsregeln auch immer Teil des Deutschunterrichts bleiben.

Lösung und Auswertung findest du auf Seite 102.

Wiederholung 4 Setze alle Satzzeichen bei den wörtlichen Reden.

Auf einmal schrie der Kapitän Mein Gott, was ist das für eine Welle Eine riesige graue Wand türmte sich vor ihnen auf. Christoph rief Lena zu Komm zu mir, schnell Lena rannte zu ihm. Was sollen wir machen schrie sie. Bleib bei mir, halte dich an mir fest riet ihr Christoph. Diese Welle schaffen wir nie. Die ist zu groß sagte der Kapitän und versuchte das Schiff in die richtige Position zu bringen. Wir müssen versuchen durchzukommen murmelte er. Lena klammerte sich zitternd an Christoph, der schützend den Arm um sie legte. Hab keine Angst beruhigte er seine kleine Schwester wir schaffen das schon

Die Welle wuchs und stürmte wie ein Wasserelefant mit Wucht auf sie zu. Wenn wir das überstehen, dann spende ich in der Kirche eine Kerze meinte der Kapitän. Das Schiff stieg am Wellenhang hoch, alle drei schauten gebannt nach draußen und auf einmal war die Welle über ihnen. Sie sahen von allen Seiten Wasser auf sich zuschießen. Es knallte, die große Frontscheibe brach in tausend Stücke und Wasser flutete in die Brücke. Hilfe schrie Lena Christoph, halte mich Dann wurden beide weggespült und verschwanden in den kalten Wassermassen. ...

© Tetastock – Fotolia.com

30 / Kommasetzung

6 Kommas bei Hauptsätzen

Hauptsätze sind Sätze, die für sich **alleine stehen** können, also von keinem übergeordneten Satz abhängen. Am häufigsten sind Aussagesätze. Die erkennst du daran, dass das Prädikat an zweiter Stelle steht. Wenn mehrere Hauptsätze miteinander verbunden sind, nennt man das eine **Satzreihe**. In diesem Kapitel lernst du, wann du bei Satzreihen ein Komma setzen musst.

Verbindung von Hauptsätzen

- Ein Komma steht zwischen **Hauptsätzen**, die **ohne Konjunktionen** (Bindewörter) wie *und* bzw. *oder* aneinandergereiht werden.
  Beispiele: *Die Wellen gehen hoch, der Sturm dröhnt, das Schiff neigt sich bedenklich zur Seite.*
  Warum muss uns das alles passieren, warum haben wir nicht einfach den Flieger genommen?

- Zwischen Hauptsätzen, die durch **und** bzw. **oder** verbunden werden, **kann** ein Komma stehen, wenn dadurch die Gliederung des Satzes **übersichtlicher** wird.
  Beispiele: *Die Wellen gehen hoch(,) und runter geht die Stimmung.*
  Wir springen vom Schiff(,) oder vom Kapitän kommt noch Hilfe.

- Hauptsätze können auch durch **andere Konjunktionen** verbunden werden: *denn, aber, doch, sondern.* Dann setzt man **immer** ein Komma zwischen sie.
  Beispiele: *Der Kapitän ließ das Ruder los, denn er hatte die Automatik eingeschaltet.*
  Er hatte schon fast aufgegeben, aber/doch ein Funke Hoffnung glomm noch in ihm.
  Nicht der Kapitän stieg die Treppe herunter, sondern der Steuermann kam zu ihnen.

- Auch wenn **Adverbien** Hauptsätze verbinden, muss dazwischen ein Komma stehen.
  Beispiele: *Der Sturm ließ nach, deshalb/also/bald beruhigte sich das Meer.*
  Das Schiff hob und senkte sich, trotzdem wurde dem Kapitän nicht schlecht.

/ **Tipp:** Von einem Haupt-„Satz" kann man nur dann sprechen, wenn auch ein **Prädikat** vorhanden ist (vgl. Kapitel 1). Äußerungen wie „Her mit der Wasserflasche!" sind demnach keine Sätze. Denke auch daran, dass das Prädikat oft **aus mehreren Teilen** besteht.

17 Unterstreiche die Prädikate in den Hauptsätzen.

Christoph und Lena wurden aus der Kommandobrücke gespült und tauchten auf einmal im Meer auf. Mit der Riesenwelle hatte der Sturm seine Kraft aber verbraucht, denn die Wucht der Wellen ließ schnell nach. „Lena, die Rettungsinsel!", rief Christoph erleichtert. Die rote Insel tanzte auf den Wellen, beide kraulten mit schnellen Zügen zu ihr hin, denn sie fürchteten, dass der Wellengang wieder stärker werden könnte. Sie hielten sich an einer Außenleine der Rettungsinsel fest, erst schob Christoph seine Schwester in die Rettungsinsel und dann kletterte er hinterher.
Erschöpft fielen sie auf den Boden der Insel, schlossen die Augen und atmeten erst einmal tief durch. Gerettet! Sie konnten es nicht glauben, sie hatten verdammtes Glück gehabt! Sie hatten sich nicht verletzt, sie waren in den Wellen nicht ertrunken, irgendwer auf dem Schiff hatte den Aufpump-Mechanismus der Rettungsinsel ausgelöst, sie hatten die Rettungsinsel gesehen und der Sturm ließ jetzt nach.
Wo war aber jetzt das Schiff, hatte die Besatzung überlebt, wohin trieben sie mit der Rettungsinsel und wie lange würden sie in der Rettungsinsel bleiben müssen? Diese Fragen bewegten sie, und die Glücksgefühle, die sie hatten, als sie gerettet in die Insel fielen, wichen rasch der Furcht, dass sie ihrem Tod möglicherweise nicht entkommen waren, sondern dass ihr Ende nur eine Weile hinausgeschoben worden war. ...

18 Markiere die Teile, die keine Hauptsätze sind.

Lena griff nach einer Wasserflasche, nahm einen tüchtigen Schluck und warf einen vorsichtigen Blick nach draußen. Ihre Rettungsinsel dümpelte auf den Wellen, das Meer tat so, als ob es schon immer eine ungefährliche Badewanne für Entspannung suchende Touristen gewesen sei.
„Sollten wir nicht eine Signalrakete abschießen?", fragte Lena ihren Bruder. Christoph schaute sich um. „Da ist eine, ich lese mal die Gebrauchsanweisung: ‚Rote Kappen und Sicherungsstift entfernen, Signalrakete über dem Kopf in Abfeuerrichtung nach oben halten und Abfeuermechanismus drücken, Zündung ohne Rückschlag.' Das klingt doch nicht schwierig. Wir sollten sie aber erst in der Nacht abschießen, dann wird sie besser gesehen." Christoph nahm ebenfalls einen großen Schluck und fragte: „Wie viel Wasser haben wir denn?" Lena suchte in einer Seitentasche. „Vier Flaschen. Klasse! Erst hatten wir ein Problem, weil zu viel Wasser da war, jetzt haben wir ein Problem, weil zu wenig da ist." Christoph run-

zelte die Stirn. „Sei nicht so pessimistisch! Wir haben den Sturm überlebt und wir schaffen auch alles andere."

Weit und breit war nichts zu sehen. Kein Schiff, keine andere Rettungsinsel. Was war wohl mit der Mannschaft geschehen? Hatte sie überlebt oder lag sie mit dem Schiff auf dem Meeresgrund? Die Sonne brannte jetzt vom Himmel, die Wellen wogten sanft und ein Vogel segelte vorbei. „Lena, ein Vogel!" „Lass ihn doch fliegen, wir haben andere Probleme." „Begreifst du denn nicht? Ein Vogel kann nicht ewig fliegen, also muss irgendwo Land sein und das ist unsere Rettung!" „Du hast Recht, aber wie sollen wir es finden?" Christoph versuchte auf das Dach der Insel zu klettern, weil er Ausschau nach Land halten wollte, er rutschte aber immer wieder ab. Lena ließ sich müde auf den Boden fallen. Christoph glitt in das Innere, nahm noch einen Schluck aus der Wasserflasche und rieb seine Stirn, die rot glänzte, da er sich einen Sonnenbrand geholt hatte.

„Lass uns schlafen, vielleicht finden wir morgen Land", meinte Christoph, der ein bisschen hoffnungslos dreinschaute. Ganz plötzlich brach die tropische Nacht herein, die Insel schaukelte träge in den Wellen, Sterne glitzerten am tiefschwarzen Himmel und eigentlich wäre es die perfekte Umgebung für einen Urlaub gewesen. ...

19 Markiere die Kommas, die zwischen Hauptsätzen stehen.

„Huch, was ist das?", schreckte Lena hoch, die gerade die Augen aufschlug und mit einem Schrei zurückfuhr. Eine neugierige Möwe saß im Eingang der Rettungsinsel, schaute ins Innere und überlegte wohl, was es da zu fressen geben könnte. „Kannst du mich nicht etwas sanfter wecken?", grummelte Christoph, denn er war etwas plötzlich aus seinen Träumen gerissen worden. So viel Bewegung mochte die Möwe nicht, sie tippelte kurz mit ihren Füßen, breitete ihre Flügel aus, mit kräftigen Flügelschlägen hob sie sich in die Luft und bald war sie nur noch ein immer kleiner werdender Punkt am Himmel.

„Ich habe dir doch gesagt, dass wir nicht weit vom Festland sein können. Eine Möwe kann nicht ewig fliegen", jubilierte Christoph, „ich gehe mal Ausschau halten." Er kletterte auf den Rand der Rettungsinsel, hielt sich an einer Leine fest und spähte angestrengt in die Richtung, in die die Möwe verschwunden war. Lena nahm einen Schluck aus der Wasserflasche, dann hob sie sie hoch, schüttelte sie ein bisschen und presste die Lippen zusammen, weil sie daran dachte, dass das Wasser bald zu Ende

gehen würde. Wie lange man leben kann, ohne etwas zu trinken? Sie schüttelte ärgerlich den Kopf, verscheuchte die schwarzen Gedanken und rief: „Siehst du was?" „Ich weiß nicht, denn die Sonne blendet und alles ist so hell. Schau doch auch mal! ...

20 Setze die notwendigen Kommas zwischen die Hauptsätze.

Lena schwang sich auf den Außenwulst. Die Sonne schien der Himmel strahlte wolkenlos und die Oberfläche des Meeres kräuselte sich leicht. Dafür würden Touristen viel Geld hinlegen, dachte Lena. Man konnte es aber auch anders sehen: Die Sonne brannte erbarmungslos vom Himmel keine Wolke bot Schatten und die blaue Oberfläche des Meeres erstreckte sich bis an den Horizont, ohne dass rettendes Festland zu sehen war. Oder doch?
„Christoph, schau, was ist da?" „Wo?" „Na dort, wo ich mit meinem Finger hinzeige." „Hm! Sieht aus wie Brandung und das Dunkle dahinter könnte Land sein." „Der Wind weht günstig. Sollen wir paddeln?" Christoph stieg in die Rettungsinsel und kam mit zwei Stechpaddeln heraus.

34 Kommasetzung

Die beiden setzten sich begannen heftig zu paddeln deshalb tropfte schon bald der Schweiß auf die Gummihaut der Rettungsinsel und die Schweiß- tropfen verdunsteten so schnell, wie sie gekommen waren. Nur unmerk- lich näherten sie sich dem weißen Streifen der Brandungswellen doch sie hatten Glück denn der Wind frischte auf schob sie kräftig voran und eine immer stärker werdende Strömung trieb sie auf das Festland zu.
Ein riesiger, schwarzer Berg wuchs aus dem Horizont, dessen Spitze wie mit einem Messer abgeschnitten war. Der Bergfuß war dicht bewachsen das satte Grün war ein Zeichen, dass es genügend Wasser gab. Sie konn- ten schon einzelne schlanke Palmen und mächtige Bäume erkennen aber oben war der Berg schwarz wie die Nacht und vollkommen glatt. Bald spürten sie Freude bald aber flatterte auch Angst wie ein schwarzer Rabe durch ihre Gedanken. „Der Berg sieht irgendwie komisch aus", flüsterte Lena, „wieso ist er so schwarz wieso ist er so glatt wieso hören die Bäu- me so plötzlich auf?" „Ich vermute mal, das ist ein Vulkan", antwortete Christoph, „und hoffentlich kein aktiver denn dann haben wir wirklich ein Problem." **...**

Test 6   **Setze die notwendigen Kommas zwischen die Hauptsätze.**

> Der Aufbau dieses Buches ist gut durchdacht: In jedem Kapitel wer- den anfangs die Regeln beschrieben dann wird die Zeichensetzung geübt anschließend kannst du dein Wissen mit einem Test über- prüfen und am Ende wiederholst du die zuvor eingeübten Regeln.
> In jedem Kapitel übst du nur eine Regel so wird sichergestellt, dass du sie wirklich kannst, bevor du dich mit einer neuen beschäftigst. Du könntest auch viele Regeln auf einmal üben jedoch würdest du sie dann leicht durcheinanderbringen. Die Wiederholungen sind wichtig denn wir vergessen neu Gelerntes schnell wieder Wiederholungen verankern Neues für lange Zeit im Gehirn. Das illustriert ein Beispiel: Mit einem Stock machst du eine Furche in den Boden es regnet und du möchtest sie wiederfinden aber der Regen hat sie verwischt. Je tiefer du nun die Furche machst und je öfter du mit dem Stock durchfährst, desto länger bleibt sie sichtbar. Genauso findest du prob- lemlos in deinem Gehirn die Regeln, die du oft wiederholt hast – sie haben sich „eingegraben".

Lösung und Auswertung findest du auf Seite 106.

Wiederholung 5 Setze die Kommas bei Aufzählungen.

Lena und Christoph paddelten nun rhythmisch und kraftvoll. Der Wunsch nach festem Boden unter den Füßen die Hoffnung auf frisches Wasser aus einer sprudelnden Quelle sowie die Aussicht auf Sicherheit verdoppelten ja verdreifachten ihre Kräfte. Der lange weiße Saum der Brandung kam immer näher und sie wussten, dass sie mit kräftigen schnellen Paddelschlägen eine Chance hatten, ohne Kentern durch die Brandung zu kommen.
Schwarze Felsen am Strand Büsche Bäume und das Pflanzengewirr des grünen Dschungels waren jetzt in allen Einzelheiten zu sehen. „Rudern!", rief Christoph. „Ja meinst du, ich rühre mit dem Paddel einen Teig an? Ich rudere rudere und rudere, dass mir die Zunge schon am Kinn klebt!" Lena mochte ihren Bruder, aber dass er sich immer entweder als Chef oder als neunmalkluger Ratgeber aufspielen musste, ärgerte sie.
Eine Welle hob die Rettungsinsel an und warf sie schließlich auf den Strand. Mit schweren Armen glücklich und erleichtert ließen sich die Geschwister in den warmen weichen Sand fallen. Weder Christoph noch Lena waren einige Zeit lang in der Lage, sich zu erheben. ...

7 Kommas bei Nebensätzen

Die meisten Kommafehler werden bei **Satzgefügen** gemacht. Das sind Verbindungen aus Haupt- und Nebensätzen. Damit dir das nicht auch passiert, musst du den Nebensatz sicher erkennen können.

Kennzeichen eines Nebensatzes

- Ein Nebensatz kann **nicht alleine** stehen, da er von einem Hauptsatz abhängt.
  Beispiel: *Sie hielten Ausschau,* (Hauptsatz; kann alleine stehen)
  weil sie Land suchten. (Nebensatz; kann nicht alleine stehen)

- Ein Nebensatz wird entweder durch eine Konjunktion, ein Relativpronomen oder ein Adverb **eingeleitet.**
  Beispiele: *Christoph und Lena waren erleichtert, **als** sie endlich wieder festen Boden unter den Füßen hatten.* (Konjunktion)
  *Die Geschwister, **die** erleichtert waren, ließen sich mit einem Seufzer in den weichen Sand fallen.* (Relativpronomen)
  *Sie wussten nicht genau, **wohin** es sie verschlagen hatte.* (Adverb)

- Im Nebensatz steht **der konjugierte Teil des Prädikats am Ende**.
  Beispiele: *Sie freuten sich, dass sie die Insel entdeckt **hatten**.*
  *Als die den Strand **erreichten**, ließen sie sich fallen.*

In manchen Fällen können Nebensätze auch **ohne Einleitungswort** auskommen, dann weicht auch die Verbstellung von der obigen Regel ab. Sie lassen sich aber immer (gedanklich) in einen Nebensatz mit Einleitungswort umformen – so erkennst du sie trotzdem.

Uneingeleitete Nebensätze

- **Konditionale** Nebensätze (Bedingungssätze) können auch ohne die Konjunktion *wenn/falls* stehen.
  Beispiel: *Hätten sie kein Land gefunden,*
  würden sie immer noch in dieser Rettungsinsel sitzen.
  → ***Wenn/falls** sie kein Land gefunden hätten,* (Nebensatz)
  würden sie immer noch in dieser Rettungsinsel sitzen.

- Auch bei manchen Nebensätzen, die normalerweise mit *dass* eingeleitet werden, kann diese Konjunktion fehlen.
  Beispiel: *Lena und Christoph hofften inständig,*
  der Vulkan würde ihnen keine Probleme bereiten.
  → *Lena und Christoph hofften inständig,*
  ***dass** der Vulkan ihnen keine Probleme bereiten würde.* (Nebensatz)

Nebensätze können vor, nach oder mitten in dem Hauptsatz stehen, von dem sie abhängen. Das ist auch für die Kommasetzung wichtig.

> **Stellung von Nebensätzen**
> - Nebensatz **vor** dem Hauptsatz („Vordersatz")
>   Beispiel: *Als sie den Strand erreicht hatten, waren sie überglücklich.*
> - Nebensatz **nach** dem Hauptsatz („Nachsatz")
>   Beispiel: *Sie waren überglücklich, als sie den Strand erreicht hatten.*
> - Nebensatz **mitten im** Hauptsatz („Zwischensatz")
>   Beispiel: *Sie waren, als sie den Strand erreicht hatten, überglücklich.*

21 Unterstreiche die Prädikate aller Nebensätze.

Christoph rappelte sich als Erster auf, Lena lag erschöpft im Sand. „Bist du O. K.?" Lena nickte und sah sich um. Nichts am Strand deutete darauf hin, dass hier je Menschen gewesen wären. Der Sandstrand, aus dem vereinzelt schwarze Felsbrocken ragten, erstreckte sich nach links und rechts, ohne dass ein Ende zu sehen war. „Sollen wir den Strand entlanggehen und sehen, ob wir Wasser und etwas Essbares finden?", fragte Christoph. „Wir können ja hier nicht Wurzeln schlagen", entgegnete seine Schwester. Eine Brise begann vom Meer her zu wehen, was die Hitze erträglicher machte. Christoph hatte sich sein T-Shirt als Turban um den Kopf geschlungen, sodass sein Kopf vor der Sonne geschützt war.
„Wo ist die Wasserflasche, aus der du vorhin getrunken hast?", fragte Christoph, weil er merkte, dass seine Lippen trocken waren. „Sie liegt leer in der Rettungsinsel." „Na, dann sollten wir wirklich bald Wasser finden", meinte Christoph. Die Geschwister versuchten immer wieder, das dichte Grün mit ihren Blicken zu durchdringen, was ihnen aber nicht gelang. Dass Leben hinter dem grünen Wall war, hörte man. Da knackte ein Ast, dort war ein Kratzen an der Rinde eines Baumes zu hören. Unermüdlich rollten die Brandungswellen heran, die ihre Füße angenehm kühlten.
„Da vorne!", rief Christoph. Lena reckte ihren Kopf, damit sie besser sehen konnte. „Da ist ein Einschnitt im Strand. Das könnte ein Bach sein." Ein Bach bedeutete Wasser und Wasser löste ihr dringendstes Problem. Und schon bald darauf standen sie tatsächlich vor einem Wasserlauf. „Schmeckt das gut!", rief Lena, als sie die ersten Schlucke getrunken hatte. ...

Kommasetzung

Bislang war es noch nicht sehr schwierig, oder? Im Folgenden wird es nun aber ein wenig kniffliger. Wenn du diese Tipps beherzigst, wirst du ein wahrer Meister der Kommasetzung!

Tipp: Vergiss nicht, bei einer Satzkonstruktion, die aus einem Satzgefüge (HS + NS) und einem sich daran anschließenden Hauptsatz besteht, **das Ende des Nebensatzes durch ein Komma zu markieren**. Hier passieren sehr häufig Fehler.

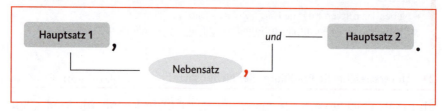

Beispiele:

Christoph glaubt zu wissen (HS 1), wie man auf einer einsamen Insel überleben kann (NS), und fühlt sich daher weniger ängstlich (HS 2).

Den Geschwistern war klar (HS 1), dass sie den Strand nur mit kräftigen Paddelschlägen erreichen konnten (NS), und sie ruderten um ihr Leben (HS 2).

Tipp: Etwas anderes ist es allerdings, wenn an den Nebensatz **ein zweiter Nebensatz** gereiht wird, der ebenfalls vom Hauptsatz abhängt. Dann setzt man **kein Komma**:

Beispiele:

Christoph glaubt zu wissen (HS), wie man auf einer einsamen Insel überleben kann (NS 1) und wie man wieder nach Hause kommt (NS 2).

Den Geschwistern war klar (HS), dass sie den Strand nur mit kräftigen Paddelschlägen erreichen konnten (NS 1) und sie um ihr Leben rudern mussten (NS 2).

22 Markiere die Nebensätze und trage ein, ob es sich dabei jeweils um Vordersätze (V), Nachsätze (N) oder Zwischensätze (Z) handelt.

Neugierig schauten sie den Wasserlauf hoch, der hinter einer Biegung verschwand. ☐ Wohin führte der? Im Wasser tummelten sich viele Fische, die richtig schmackhaft aussahen. ☐ „Weißt du, wie man Fische ausnimmt?", ☐ fragte Lena. „Da ich kein Blut sehen kann, werde ich das sicherlich nicht machen." ☐ „Wir sprechen, wenn wir einen gefangen haben, noch mal darüber. ☐ Jetzt lass uns erst einmal den Flusslauf erforschen", beruhigte Christoph seine Schwester. Sie schritten, da die Sonne schon hoch am Himmel stand, schnell voran. ☐

Das Pflanzengewirr des Dschungels war nicht mehr so undurchdringlich und immer wieder gab es Trampelpfade, die das Dickicht durchschnitten. ☐ „Guck mal, die Früchte hier, sind die essbar?", fragte Christoph, der eine gelbe, apfelsinengroße Frucht gepflückt hatte. ☐ „Ich glaube schon", meinte Lena, „dass ein Vogel davon gefressen hat, habe ich nämlich genau gesehen." ☐ Christoph biss vorsichtig hinein. „Schmeckt süß und gut", sagte er, während ihm der Saft vom Kinn tropfte. ☐ Gierig pflückte sich Lena auch eine. Der Fluss war schmaler geworden, führte aber noch immer überraschend viel Wasser, das über die Steine schoss, die zahlreich im Flussbett lagen. ☐

Plötzlich hielt Christoph inne und untersuchte den Boden. „Schau dir das mal an!", rief er seiner Schwester zu, die zurückgefallen war, weil sie immer wieder die Pflanzen betrachtete. ☐ Als Lena aufgeschlossen hatte, studierte sie sorgfältig eine Spur im Sand: ☐ „Drei Zehen nach vorne, eine nach hinten. Sieht aus wie eine Vogelspur, ist aber viel zu groß – wie ein Menschenfuß!" „Wären die Zehen vorne spitzer, könnte es so etwas wie ein Strauß sein. ☐ Aber ein Strauß im Dschungel?", überlegte Christoph. „Von der Form der Zehen her könnten sie eher von einem Affen stammen!" „Ein Strauß, der mit Füßen rumläuft, die gemischt sind aus Affe und Vogel. ☐ Du hast wohl zu viele Fantasyfilme gesehen!", verspottete Lena ihren Bruder. „Fantasy ist oft näher an der Realität dran, als du denkst", ☐ sagte Christoph. Wie recht er damit hatte, ahnte er jedoch nicht. ☐ ...

23 Gib an, ob es sich bei den Wörtern, die Nebensätze einleiten, um Konjunktionen (K) oder um Relativpronomen (R) handelt.

„Gehen wir einfach weiter", schlug Lena vor, „vielleicht finden wir ja das Tier, **das** ☐ diese Spur hinterlassen hat." Christoph nickte, **obwohl** ☐ er sich eigentlich ausruhen wollte. Lena hatte Recht, **dass** ☐ sie die Gegend weiter erkunden mussten. Also trottete Christoph hinter Lena her, **die** ☐ anscheinend überhaupt keine Müdigkeit kannte. Der Pfad war breiter geworden, **was** ☐ Christoph recht sonderbar fand. Liefen denn hier so viele Tiere entlang, **dass** ☐ sie solch eine Dschungelstraße brauchten?

Immer wieder sah er im Wasser silbern glänzende Fische schwimmen, **die** ☐ sicher ein gutes Abendessen abgeben würden. „Lena, lass uns zurückgehen. Wir müssen, **bevor** ☐ es dunkel wird, bei der Rettungsinsel sein. Wir sollten jetzt ein paar Fische fangen, **die** ☐ wir zum Abendessen braten können."

„Und wie hast du dir vorgestellt, **dass** ☐ wir die Fische fangen?", fragte Lena. „Ich habe weiter unten am Fluss eine kleine Bucht gesehen, **die** ☐ nur einen schmalen Zugang zum Fluss hat. **Wenn** ☐ wir den Zugang ab-

sperren, können wir die Fische, **die** ☐ in der Bucht schwimmen, einfach mit der Hand fangen." Schnell eilten sie den Pfad hinunter, **da** ☐ sie nun schon deutlich ihren Hunger spürten.
Christophs Geschick bescherte ihnen fünf Fische, **die** ☐ er, **als** ☐ sie bei der Rettungsinsel angekommen waren, mit unerwarteter Fertigkeit ausnahm, **während** ☐ Lena Feuerholz sammelte. Erschrocken schaute sie nach oben, **als** ☐ sie plötzlich schwere Flügelschläge hörte. Den Vogel aber sah sie nicht mehr. Die Fische steckten sie auf Äste, **die** ☐ sie über das Feuer hielten, und das Wasser lief ihnen im Mund zusammen, **als** ☐ ihnen der Geruch von gebratenem Fisch in die Nase stieg. **…**

24 Markiere die Wörter, die Nebensätze einleiten.

Die Nacht brach herein. Die Wellen rauschten, eine kühlende Brise wehte und Lena und Christoph legten sich müde in den Sand. „Ich schlafe gleich ein", meinte Christoph. Nach einer Weile zog es Lena vor, sich in die Rettungsinsel zu begeben, weil sie sich dort sicherer fühlte. Bald war nur noch das gleichmäßige Atmen der beiden Geschwister zu vernehmen, die sofort eingeschlummert waren. Nur der Dschungel schlief nicht.
Immer wieder war ein Zwitschern zu hören, welches mal lauter, mal leiser wurde. Dann knackte ein Ast und Blätter raschelten, als ob jemand seinen Weg durch den dichten Dschungel suchte. Christoph träumte davon, dass ein großes, weißes Schiff kommen würde, um sie zu retten, und Lena träumte gar nichts, da sie einfach viel zu erschöpft war.
Plötzlich waren am Rand des Dschungels Schatten zu sehen, die sich schnell hin und her bewegten. Als es plötzlich laut im Wald knackte, verschwanden die Schatten so schnell, wie sie gekommen waren. Wolken schoben sich vor die Sichel des Mondes, der bisher über die beiden Schlafenden gewacht hatte, und die Brandung nahm zu, weil starker Wind landeinwärts blies. Die Plastikplane, die die Eingangsluke der Rettungsinsel verschließen sollte, flatterte in der starken Brise und schlug immer wieder auf das Dach der Rettungsinsel, sodass ein sattes „Plopp" zu vernehmen war. **…**

Kommasetzung

Test 7 Unterstreiche die Prädikate der Nebensätze und markiere die sie einleitenden Wörter.

> Ein Aspekt, der auf Lernerfolge sehr großen Einfluss hat, ist die Motivation: Wenn du die Zeichensetzung wirklich lernen willst, musst du motiviert sein. Das heißt, dass etwas da sein muss, das dich antreibt, sie perfekt zu beherrschen. Das kann z. B. sein, dass dich bei deinem nächsten Aufsatz dein Lehrer für deine gute Zeichensetzung lobt. Deine Freude darüber, dass du in einem Test alle Satzzeichen richtig gesetzt hast, kann dich auch motivieren, sodass du weiter sorgfältig trainierst. Kannst du etwas gut, machst du es nämlich häufiger, weil dich deine Fähigkeiten erfreuen. Wenn du etwas schlecht kannst, dann hast du Misserfolge und du wirst weniger üben, weil dir die Lust vergangen ist.

Lösung und Auswertung findest du auf Seite 110.

Wiederholung 6 Setze die notwendigen Kommas zwischen die Hauptsätze.

Der Wind ließ nach die Plastikplane hing schlaff am Eingang die Wolken hatten sich verzogen und der Mond warf sein Licht auf den Strand. Die Schatten, die unruhig hin und her liefen, waren wieder erschienen und kamen der Rettungsinsel immer näher. Auf einmal schrie Christoph.
„Hast du einen Alptraum gehabt?", fragte Lena. „Etwas hat mir ins Gesicht gefasst deshalb bin ich aufgewacht." Lena schaute in die Dunkelheit und sagte: „Ich sehe nichts wahrscheinlich hast du das geträumt. Komm in die Rettungsinsel, wenn es dir draußen zu unheimlich ist." Christoph sah sich noch einmal um kletterte in die Insel und verschloss die Luke.
Die Sonne stand schon am Himmel mit einem „Ratsch" wurde der Reißverschluss der Eingangsluke geöffnet und Lena blinzelte in die Sonne. Mit einem Satz sprang sie in den Sand bückte sich und rief überrascht: „Christoph, komm!" Christophs verstrubbelter Haarschopf schob sich aus der Luke. „Was ist denn so dringend?" „Ich habe etwas entdeckt!" Christoph war noch müde trotzdem sprang er in den Sand besah sich aufmerksam, worauf Lena deutete, und murmelte überrascht: „Das ist doch die gleiche Spur wie gestern." Er verfolgte die Spur, die zum Dschungelrand führte, und schob die Blätter an der Stelle beiseite, wo sie verschwand. „Das ist ja interessant", hörte Lena ihn sagen, bevor er vom Grün des Dschungels verschluckt wurde. **...**

25 Füge die passenden Konjunktionen bzw. Relativpronomen ein.

Sie eilte zu der Stelle, an _____ Christoph verschwunden war, schob die Blätter zur Seite und schlüpfte durch die grüne Wand. Überrascht schaute sie sich um, _____ sie auf einem Pfad stand, _____ wie ein Gang durch den Dschungel lief. Sie sah das rote T-Shirt ihres Bruders, _____ in der Ferne leuchtete, und beeilte sich, ihn einzuholen, _____ es ihr alleine unheimlich war. _____ die Pflanzen weiterhin so dicht an dicht stehen sollten, war die Gefahr groß, ihn aus den Augen zu verlieren. Wo war Christoph?
_____ sich die beiden manchmal in den Haaren hatten, war sie doch auf ihren Bruder angewiesen, _____ er sie beschützte und in vielen Dingen erfahrener war. Hatte er sich versteckt und wollte sie erschrecken? _____ sie anfing ein Liedchen zu pfeifen, versuchte Lena sich abzulenken. Sie ging Schritt für Schritt auf dem Pfad vorwärts, _____ mit abgefallenen, braunen Blättern übersät war.
Doch was war das! _____ sie sich irgendwo festhalten konnte, tat sich der Boden unter ihren Füßen auf und sie fiel in die Tiefe. „Au!" Unsanft landete Lena auf dem Boden einer Grube, in _____ ihr Bruder in einer Ecke lag. Er hatte die Augen geschlossen. Sanft schüttelte sie ihn. „Christoph, was ist? Hallo, wach auf!" Sie sah, _____ seine Augenlider zuckten. Er musste sich beim Sturz den Kopf angeschlagen haben, _____ er ohnmächtig geworden war. Christoph seufzte und schlug die Augen auf. „Wo sind wir?" – „Wir sind in eine Grube gestürzt, _____ mit Blättern verdeckt war. Kannst du dich erinnern?"...

26 Markiere die Kommas bei Nebensätzen.

Die Geschwister schauten sich in der Grube um, deren Wände fast vier Meter hoch waren. „Das ist kein natürliches Loch in der Erde", meinte Christoph, „hier sind Grabspuren an den Wänden. Wir sind nicht allein, jemand muss diese Grube ausgehoben haben." „Gott sei Dank sind wir nicht allein! Wie sollten wir aus der Grube herauskommen, gäbe es nicht Menschen, die uns heraushelfen?", rief Lena.

Sie lehnten sich an die Grubenwand und versuchten, es sich einigermaßen bequem zu machen. Immer wieder schauten sie nach oben, in der Hoffnung, jemand würde bald kommen, um sie zu retten. Träge flossen die Stunden dahin, nichts rührte sich. Nur manchmal verirrten sich Käfer zu ihnen, die brummend über ihren Köpfen kreisten und schnell wieder das Weite suchten. Bald senkte sich die Nacht über den Urwald, und in ihrer Grube wurde es dunkel. „Christoph, ich habe Angst. Was ist, wenn ein gefährliches Tier in die Grube fällt?", jammerte Lena. Christoph hatte dieselben Befürchtungen, dennoch beruhigte er seine kleine Schwester: „Kopf hoch! Wir haben so viel überstanden, dass wir auch das meistern werden."

Irgendwann schliefen sie trotz ihrer Angst ein, die Müdigkeit war stärker. Ihr Schlaf war unruhig, da durch ihre Träume immer wieder Tiger schlichen und Schlangen krochen.

Am Morgen wurden sie durch das ohrenbetäubende Gekreisch riesiger Vögel geweckt, die sich hoch oben auf den Wipfeln der Bäume niedergelassen hatten. „Hast du schon einmal so viele auf einmal gesehen?", fragte Christoph erstaunt. „Das finde ich nicht sonderbar", meinte Lena, „das kann doch mal vorkommen, wenn es essbare Früchte an den Bäumen gibt. Ich finde etwas anderes sonderbar: Fällt dir nichts auf?" Christoph schaute suchend in die Höhe. „In der Tat, das ist sonderbar. Die Vögel beobachten uns, sie schauen neugierig in unsere Grube, als ob das ihr Werk wäre. Ich habe aber noch nie Vögel gesehen, die eine Fallgrube ausheben." ...

27 Streiche die falsch gesetzten Kommas.

Plötzlich, spähten zwei Köpfe vorsichtig in die Grube, und zogen sich schnell zurück, als sie bemerkten, dass die beiden Kinder sie entdeckt hatten. „Die haben wie Indianer Federn auf dem Kopf!", rief Christoph und schaute angestrengt nach oben. Über den Rand der Grube, schob sich wieder ein roter Federschopf, und sie hörten ein Zwitschern, das ihnen bekannt vorkam. Der Kopf zog sich zurück und auf einmal, fiel eine Strickleiter, die aus Lianen geflochten war, zu ihnen herab. Als sie wieder auf dem Pfad standen, wussten sie nicht, ob sie sich fürchten oder wundern sollten. Sie konnten ihren Blick nicht von ihren Rettern abwenden: Die hatten tatsächlich, einen prächtigen Kopfputz aus roten Federn, nur waren es keine Federn von Papageien, sondern ihre eigenen! Große Augen mit einer gelben Iris, betrachteten Christoph und Lena aufmerksam. Ihr Gesicht war mit einem zarten, gelben Flaum überzogen, aus dem eine kleine Stupsnase ragte. Darunter saß ein Mund mit schmalen, schwarzen Lippen. Ihr Körper war gebaut, wie der eines Menschen, nur völlig mit gelben Federn überzogen, die mit schwarzen Punkten gesprenkelt waren. Christoph dachte, dass das nicht gerade, eine Tarnkleidung für den Urwald war, dafür aber sehr hübsch anzusehen. Die Hände, die mit einer schwarzen, leicht, runzeligen Haut bedeckt waren, hatten vier Finger, von denen einer gegenläufig zu den anderen stand, sodass sie greifen konnten, wie Menschen. Interessiert musterte der Junge ihre Füße. Das war also des Rätsels Lösung: drei menschliche Zehen nach vorne, eine Vogelzehe nach hinten!
Die beiden Vogelmenschen, begannen miteinander zu zwitschern, es klang wie eine ziemlich, komplizierte Sprache. Nachdem sie sich anscheinend geeinigt hatten, winkten sie Christoph und Lena zu, ihnen zu folgen. Die Vogelmenschen liefen so flink, durch den Urwald, dass sie Mühe hatten, hinterherzukommen. Immer tiefer ging es in den Urwald hinein, bis sie vor einer riesigen, grünen Kugel standen, die aus Dornenzweigen, und Lianen gewebt war, und vollkommen undurchdringlich schien.
Eine Tür klappte auf, durch die sie hineinschlüpfen konnten. Es zwitscherte, und zirpte von allen Seiten. Obwohl sie bis jetzt schon einiges erlebt hatten, standen sie nur da, und bestaunten, was sie sahen. ...

Test 8   Markiere die Kommas bei Nebensätzen.

> Es ist nicht ganz leicht, die Kommasetzung zu lernen. Du brauchst etwas Geduld, bis du sie beherrschst. Die richtige Kommasetzung ist besonders wichtig, wenn du lange Satzgefüge formulierst, da die Kommas dem Leser signalisieren, in welche Sinnabschnitte dein Satzgefüge unterteilt ist. Der Satz wird also gewissermaßen in kleine, leicht erfassbare Abschnitte gegliedert, sodass er leichter zu verstehen ist.
> Das Ganze hat auch etwas mit unserem Gehirn zu tun, das alles in 3-Sekunden-Takten wahrnimmt. Wenn ein Text gut formuliert ist, dauern die einzelnen Abschnitte nicht länger als drei Sekunden, so lang wie eine Verszeile im Gedicht. Die Satzzeichen signalisieren diese Taktung, denn durch die sinnvolle Gliederung des Satzes wird dafür gesorgt, dass der Leser sich den Inhalt besser merken kann. Willst du einen verständlichen Text verfassen, setze die Kommas also an der richtigen Stelle!

Lösung und Auswertung findest du auf Seite 113.

28 Hier sind einige Prädikate in den Nebensätzen verrutscht. Markiere sie.

Große Bäume mit weiten Kronen, die waren mit Brücken aus Lianen und hölzernen Hängebrücken miteinander verbunden, standen in der Kugel. Ihre Äste waren so dick, dass man konnte bequem auf ihnen laufen. In die Astgabeln waren Riesennester gebaut. Darin sahen Christoph und Lena auch Vogelkinder, die sich neugierig über den Nestrand lehnten. Sie hatten noch keinen farbenprächtigen Federschmuck, dafür waren sie mit weißen, feinen Federn bedeckt. Die Geschwister wurden in ein solches Nest gebeten, in dem saß ein Vogelmensch, der größer und kräftiger war als die anderen. Er trug einen weit ausladenden und prächtigen Federschopf. Die beiden Vogelmenschen begannen auf ihn einzuzwitschern.
Immer wieder sahen Lena und Christoph ihn nicken, während er musterte sie aufmerksam. Hatte er anfangs noch sehr streng geschaut, so wurde seine Miene freundlicher, je länger er dem Bericht zuhörte. Als die beiden Vogelmenschen aufhörten zu zwitschern, schaute er eine Weile zu Boden und piepste etwas zu ihnen. Sie wandten sich daraufhin zu Lena und Christoph und bedeuteten ihnen mit einem Wink, dass sie mit ihnen gehen sollten. Sie wurden in ein Nest geführt, das hing in einer Astgabel. Sie kletterten hinein und waren erstaunt, wie weich es ausgepolstert war.
Als sie hörten über sich ein Rascheln, blickten sie nach oben und sahen einen Vogelmenschen mit einem Korb am Nestrand stehen. Leichtfüßig kletterte er in das Nest, stellte den Korb ab und deutete auf ihn. Lena erkannte darin die apfelsinengroße Frucht wieder, die hatte sie schon gegessen, und Nüsse kugelten herum. Christoph wälzte sich aus der Hängematte, in der wäre er beinahe eingeschlafen, und griff sich eine Frucht. „Schmeckt toll", mampfte er mit vollen Backen. Friedlich saßen die beiden auf dem weichen Boden des Nestes und ließen es sich gut gehen. „Ein Schluck zu trinken wäre nicht schlecht", meinte Christoph und schon, als ob es wäre Gedankenübertragung gewesen, tauchte ein Vogelmensch mit einem Tongefäß auf, aus dem goss er ihnen eine grüne Flüssigkeit in hölzerne Becher. Sie schmeckte süß und erinnerte an Kirschsaft. Der Vogelmensch sah ihnen zu und lächelte still. ...

> **Die Konjunktionen *als* und *wie***
> Hier musst du besonders aufpassen. *Als* und *wie* können **Nebensätze einleiten** oder **einzelne Wörter miteinander verbinden**. Das hat Einfluss auf die Kommasetzung.
> - Konjunktion *als*, die Nebensätze einleitet: → Komma
>   Beispiele: **Als** Lena aufwachte**,** schaute sie sich neugierig um.
>   Christoph wurde schneller wach**, als** er gedacht hatte.
>
> - Konjunktion *als*, die keinen Nebensatz einleitet: → kein Komma
>   Beispiele: Lena lief schneller **als** Christoph.
>   **Als** großer Bruder wollte Christoph Lena stets beschützen.
>
> - Konjunktion *wie*, die Nebensätze einleitet: → Komma
>   Beispiele: Er fragte sich**, wie** sich die Vogelmenschen verständigten.
>   Lena machte es so**, wie** Christoph gesagt hatte.
>
> - Konjunktion *wie*, die keinen Nebensatz einleitet: → kein Komma
>   Beispiele: Lena war genauso schnell **wie** Christoph.
>   **Wie** Lena hatte auch Christoph Hunger.

29 Unterstreiche die Nebensätze und ergänze die fehlenden Kommas.

„Das Essen hier ist nicht schlechter als zu Hause", feixte Christoph, „hier können wir bleiben." Inzwischen war ein Vogelmensch, von den Geschwistern unbemerkt, am Rand des Nestes erschienen und betrachtete sie interessiert. Er hatte zwei graue Decken über seinem Flügel hängen und zwitscherte leise sodass sich Lena und Christoph überrascht umdrehten. Er streckte sie ihnen entgegen und deutete auf zwei Hängematten. Beiden war klar dass das ihre Schlafdecken sein sollten und sie lächelten freundlich und nickten. Der Vogelmensch zog sich wieder zurück und die Kinder sahen wie dämmrig es inzwischen geworden war. Da bemerkten sie auch dass sie müder waren als sie gedacht hatten. Bald lagen sie in ihren Hängematten, und es dauerte nur ein paar Minuten bis sie wie die Murmeltiere schliefen.

Mitten in der Nacht schreckten sie hoch als sie ein heftiges Zwitschern und Flügelschlagen vernahmen das von einem widerlichen Grunzen unterbrochen wurde. Ein qualvoller Schrei gellte durch das Dunkel und brach auf einmal ab. Dann war es still. Verstört zogen Lena und Christoph die Decken bis zu den Ohren und konnten nicht mehr einschlafen weil sie fieberhaft überlegten was diese Geräusche wohl zu bedeuten hätten. …

30 Unterstreiche die Prädikate der Nebensätze und ergänze die Kommas.

Als es dämmerte, sprangen Lena und Christoph aus den Hängematten und blickten vorsichtig über den Nestrand. In der Kugel rührte sich nichts. Schließlich kletterten sie aus dem Nest und sahen, dass der Boden unter ihrem Baum völlig zerwühlt war. Lena deutete auf einen Vogelmenschen, der aus seinem Nest blickte. Mit müden Bewegungen ließ er sich zu den beiden hinuntergleiten. Lena und Christoph sahen ihn neugierig an. Es schien fast, als ob er geweint hätte. Was war aber das? Sie hörten eine Stimme, sahen aber niemanden, der sprach. „Habt keine Angst. Ich bin es, der vor euch steht." Beide starrten den Vogelmenschen erstaunt an. In ihrem Kopf hörten sie es tönen:

„Ich kann eure Gedanken lesen und euch meine Gedanken schicken, wenn ich nahe genug bei euch stehe. Ihr fragt euch, wo die anderen Vogelmenschen sind und was heute Nacht geschehen ist. Wir sind in unseren Nestern, weil wir um eines unserer Kinder trauern. Es wurde entführt! Sie überfallen uns immer wieder und nehmen unsere Kinder mit. Wir können uns nicht wehren, da sie viel stärker sind als wir." Christoph fragte, wer das Kind denn entführt habe. Wieder hörten die beiden die schluchzende Stimme in ihren Köpfen: „Die Reptilienmenschen, die Terragonen. Der erloschene Vulkan ist von unzähligen Gängen durchzogen, die große Höhlen verbinden. Dort wohnen sie. Noch nie ist ein geraubtes Kind wieder zurückgekehrt." Lena und Christoph starrten sich entgeistert an.

Inzwischen hatten sich die Vogelmenschen versammelt. Sie bildeten acht Kreise, die sich gegenläufig zueinander bewegten. Ein Meer von roten Federschöpfen wogte auf und ab. Erst war nur ein leises Summen wie in einem Bienenstock zu hören, das aber anschwoll und die ganze Kugel erfüllte. Sie drehten sich nach außen, hoben ihre Flügel, stießen einen klagenden Schrei aus, knieten nieder und drückten ihre Stirn auf den Boden. Als die Zeremonie beendet war, zogen sich alle wieder in ihre Nester zurück, nur der größte Vogelmensch stand noch auf dem Platz. Als Anführer hob er seinen mächtigen Kopf und sah zu den Geschwistern hinüber. Mit einem Wink befahl er sie zu sich. ...

31 Unterstreiche die Hauptsätze in den Satzgefügen und ergänze die Kommas.

Lena und Christoph näherten sich ihm mit leichtem Bauchkribbeln, da er sehr ehrfurchtgebietend aussah. Als sie ihm nahe genug waren, hörten sie seine Stimme in ihren Köpfen: „Ich heiße Kaikias. Ich bin der Häuptling der Avilonen. Ihr habt gehört, dass wieder ein Kind entführt wurde und dass wir uns nicht dagegen wehren können." „Warum kämpft ihr dann nicht?", fragte Christoph nach. „Die Terragonen sind stärker als wir. Sie haben scharfe Zähne und Klauen mit Krallen, denen wir nichts entgegenzusetzen haben. Unsere Speere sind zu schwach, als dass sie ihren harten Panzer durchdringen könnten."
Christoph betrachtete den Speer, auf den sich der Avilone stützte und überlegte. Er war ungefähr zwei Meter lang und hatte eine Spitze aus Holz. „Ich habe eine Idee", sagte der Junge vielsagend. „Gebt mir zwei Begleiter, damit ich mit ihnen etwas suchen kann, das eure Speere stärker macht." Kaikias schüttelte den Kopf: „Diese Speere hatten schon unsere Vorväter und sie haben uns stets gute Dienste geleistet." „Gute Dienste?", murmelte Christoph. Kaikias betrachtete ihn skeptisch und auch Lena warf ihrem Bruder einen fragenden Blick zu. „Ich habe im Geschichtsunterricht gut aufgepasst", lachte er triumphierend.
Zwei Avilonen mit Holzspeeren in den Händen waren zu ihnen getreten. Kaikias entschied: „Skiron und Notos werden dich begleiten." Die schauten Christoph erwartungsvoll an, als er um Wasser und Früchte bat, weil er erst dann zurückkommen wollte, wenn er gefunden hatte, was er benötigte. Sein Wunsch wurde erfüllt, weil die Lage so ernst war und schließlich machten sich die drei auf den Weg.
Inzwischen war wieder Leben in die Kugel gekommen. Gruppen von Avilonen kehrten mit Früchten aus dem Urwald zurück, die in Vorratsnestern gelagert wurden. In Holzgefäßen schleppten sie Wasser vom Fluss her, das in ausgekleidete Erdlöcher gegossen wurde. Lena, die ihren Bruder, Skiron und Notos nicht begleitete, sah ein paar Vogelmenschen zusammensitzen, die aus Schilfgras Körbe flochten. Drei Kinder schlugen heftig mit ihren Flügeln, ohne dass sie sich nur einen Zentimeter vom Boden erhoben. Aus einer Ecke hörte Lena sanfte Melodien erklingen, die sich so anhörten, als ob jemand Xylophon spielen würde. Müde und von der Musik in den Schlaf gewiegt, schlief sie schließlich ein ...

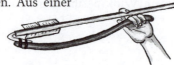

Kommasetzung 51

32 Ergänze passende Relativpronomen oder Konjunktionen und setze die fehlenden Kommas bei den Nebensätzen.

Von einem Zwitschern wachte Lena auf. Drei Vogelmädchen winkten ihr zu, mit ihnen zu kommen. Lena lief zu ihnen. Sie verließen die Kugel und folgten einem Pfad _____ sie zum Fluss führte. Mit fröhlichem Zwitschern sprangen die Vogelmädchen in den Fluss und schüttelten dann ihr Gefieder _____ die Tropfen nur so spritzten. Auch Lena genoss das Wasser _____ ganz klar war und für einen Moment vergaß sie all ihre Sorgen.
In der Ferne war Christoph mit Skiron und Notos zu sehen _____ Speere auf ihren Schultern trugen. Schnell waren sie zum Badeplatz gekommen. Lena sah _____ Christoph stolz und zufrieden war. Er zeigte Lena _____ ihm gelungen war: Er hatte Feuersteine gefunden und sie zu scharfen Spitzen geschlagen _____ er mit Baumharz und Hanfschnüren an den Speeren befestigt hatte. Er zeigte ihr auch eine Speerschleuder mit _____ man den Speer mit großer Wucht schleudern konnte. Sie bestand aus einem Stock mit einem Haken am Ende _____ in eine kleine Aushöhlung am Speerende eingesetzt wurde. Die Schleuder wirkte wie ein Hebel _____ sie die Geschwindigkeit des Speeres extrem steigerte. „Damit können wir den Panzer der Terragonen durchbohren!", rief er triumphierend. Lena schaute ihn ein wenig erschrocken an _____ sie ihren Bruder so kriegerisch noch nie erlebt hatte.
„Zurück zur Wohnkugel!", rief Christoph und alle folgten ihm _____ er zügig voranschritt. Dort angekommen, wurden sie von den Avilonen umringt _____ die neuen Speere begutachteten. Christoph nahm einen Speer und die Schleuder, holte aus, und mit einem Zischen fuhr der Speer durch die Wand der Wohnkugel _____ sie aus Pudding wäre. Die Avilonen fingen aufgeregt zu zwitschern an und deuteten auf das Loch _____ der Speer in die Wand gebohrt hatte. Kaikias hob die Schleuder hoch und stieß einen schrillen Schrei aus _____ er aufgeregt von einem Bein auf das andere hüpfte. Er wandte sich Christoph zu und jubilierte: „Heute Abend wird gefeiert!" ...

33 Setze die Kommas bei den Nebensätzen.

Als der Abend anbrach wurden geflochtene Körbe aufgehängt in denen Glühwürmchen leuchteten. Musiker spielten Melodien die sehr zart und fröhlich waren und Früchte wurden gereicht. Lena saß mit Thallo, Auxo und Karpo zusammen, den drei Vogelmädchen mit denen sie gebadet hatte. Christoph saß neben Kaikias und schaute neidisch zu seiner Schwester hinüber die sich gut unterhielt. Es war eine Ehre, neben Kaikias zu sitzen, aber leider auch ziemlich langweilig. Denn er schaute die meiste Zeit nur würdig und sprach wenig.

Christoph war der eigentliche Held des Abends, der große Erfinder der eine Wunderwaffe geschaffen hatte die vielleicht auch den Panzer der Terragonen durchbohren konnte. Das jedenfalls glaubten die Avilonen während Christoph sich nicht sicher war. Wenn der Panzer zu dick war würden auch die Feuersteinspitze und die Speerschleuder nichts helfen. Er wurde müde und fragte Kaikias ob es unhöflich wäre wenn er schlafen ginge. Kaikias schüttelte nur lächelnd den Kopf. In dieser Nacht träumte der Junge von Speeren, vom Kampf und vom Sieg.

Woher kam dieses aufgeregte Zwitschern? Christoph fasste nach Lenas Hängematte – sie war leer! Er hörte ein Grunzen und Schnauben und ein heftiges Scharren von Füßen und dann auf einmal Lenas Schrei: „Christoph, hilf mir!" Obwohl er kaum etwas sehen konnte kletterte Christoph den Baum hinunter, sprang auf den Boden und sah Schatten sich hin und her bewegen. Fauliger Gestank ließ ihn den Atem anhalten. Er hörte heftiges Geraschel und Getrampel das schließlich leiser wurde und dann war es still. Vergeblich versuchte er, in der Dunkelheit etwas zu erkennen. Da hörte er ein leises Schluchzen und Zwitschern. Vorsichtig lief er in die Richtung der Geräusche als ein Korb mit Glühwürmchen Licht in die Dunkelheit brachte. Christoph erblickte Auxo, Thallo und Notos der einen Speer trug und wütend in die Runde blickte.

Wo war Lena? Christoph schossen Tränen in die Augen als er erkannte was das bedeutete: Seine Schwester war von Terragonen entführt worden! Auxo seufzte dass man leider nichts tun könne und es noch nie gelungen sei, einen Entführten zu retten. Christoph schüttelte energisch den Kopf. Er war nicht bereit, Lena verloren zu geben! Koste es was es wolle. ...

Test 9   Setze die notwendigen Kommas in die Satzgefüge ein.

> Die meisten Kommafehler werden bei Satzgefügen gemacht da man erkennen muss wo ein Nebensatz anfängt bzw. aufhört. Wenn du aber die Übungen in denen du Konjunktionen oder das Verb des Nebensatzes markieren solltest gewissenhaft gemacht hast dann sollte es dir nicht mehr passieren dass du das Komma bei Nebensätzen vergisst.
> Vor eine Konjunktion die einen Nebensatz einleitet musst du ein Komma setzen. Nach dem Verb das am Ende des Nebensatzes steht setzt du ein Komma wenn noch ein Hauptsatz folgt und schon ist alles richtig. Eigentlich ganz einfach, oder?

Lösung und Auswertung findest du auf Seite 119.

Wiederholung 7   Setze die fehlenden Kommas bei den Hauptsätzen.

Christoph war müde trotzdem wollte er nicht aufgeben denn er war für seine Schwester verantwortlich. Er schaute Skiron und Notos an. Würden sie mit ihm gegen die Reptilienmenschen kämpfen würden sie genügend Mitstreiter haben? Der Junge war verzweifelt. Die Eltern waren tausende Kilometer entfernt er war alleine auf einer Insel seine Schwester war gefangen und keiner sagte ihm, wie man die Insel verlassen konnte.
Bei diesen trüben Gedanken hatte er Skiron und Notos ganz vergessen. Sie schauten ihn besorgt an. In seinem Kopf hörte er sie sprechen: „Wir helfen dir wir können die Reptilienmenschen besiegen denn wir haben deine neue Waffe. Vielleicht finden wir auch unsere entführten Kinder wieder!"
Christoph wurde klar, dass Skiron und Notos echte Freunde waren denn sie würden ihm helfen, auch wenn es gefährlich war. Er dachte an Lena, die sicherlich auf seine Hilfe hoffte. Der Junge ballte die Fäuste presste die Lippen aufeinander und schüttelte den Kopf. Die Terragonen hatten einen großen Fehler gemacht sie hatten seine Schwester entführt und er würde diese Scheusale ein für alle Mal unschädlich machen!
Dann gab er sich einen Ruck stand auf und schaute Skiron und Notos herausfordernd an. Die Sonne tastete sich über den Horizont und vertrieb die Dunkelheit der Nacht. Die drei standen im Nest sie schauten sich in die Augen und reichten sich die Hände, als die Sonne in ihrer Pracht am Morgenhimmel stand. ...

8 Kommas beim Infinitiv

Das Wort „Infinitiv" geht zurück auf das lateinische *infinitum* (‚unbestimmt'). Es bedeutet, dass man an dieser **Grundform des Verbs** nicht Person oder Numerus bestimmen kann. Ob und wann du beim Infinitiv ein Komma setzen musst, lernst du in diesem Kapitel.

Der Infinitiv

- Die Grundform (oder auch: Nennform) des Verbs heißt **Infinitiv**.
  rennen, gehen, lachen, wollen, werfen, tun, lächeln usw.

- Wenn der Infinitiv zusammen mit dem Wörtchen *zu* auftritt,
  nennt man das eine **Infinitivgruppe**.
  zu rennen, zu gehen, zu lachen, umzudrehen, anzustellen, aufzubrechen usw.

Kommasetzung bei Infinitivgruppen

- Eine „bloße" Infinitivgruppe, der **keine weiteren Satzglieder beigefügt** sind, wird **nicht** durch ein Komma abgetrennt.
  Beispiele: *Sie fassten den Plan **zu kämpfen**.*
  *Christoph ist entschlossen **zu siegen**.*

- Zu der Infinitivgruppe kann jedoch eine **nähere Bestimmung** gestellt werden. Diesen „erweiterten Infinitiv" **kann** man durch ein Komma abtrennen, um den Satz leichter lesbar zu gestalten.
  Beispiele: *Er hofft (**,**) seiner kleinen Schwester **helfen zu können**.*
  *Sie sind bereit (**,**) die neuen Speere **zu bauen**.*

- Wenn ein Satz ohne Komma **missverständlich** ist, **sollte** man es unbedingt setzen.
  Beispiele: *Christoph riet den Vogelmenschen nicht nachzugeben.*
  - a) *Christoph riet, den Vogelmenschen nicht nachzugeben.*
  - b) *Christoph riet den Vogelmenschen, nicht nachzugeben.*
  - c) *Christoph riet den Vogelmenschen nicht, nachzugeben.*

Tipp: In den meisten Fällen ist es also nicht zwingend notwendig, beim Infinitiv ein Komma zu setzen. Wie du aber bereits gelernt hast, **dient die Zeichensetzung vor allem dem Leser**. Um ihn ein wenig zu unterstützen, solltest du die Kommas also einbauen – schließlich willst du, dass deine Texte leicht verstanden werden können.

Die Fälle, in denen man bei Infinitivgruppen ein Komma setzen **muss**, sind ganz eindeutig geregelt. Es sind nicht viele:

> **Verpflichtende Kommas beim Infinitiv**
> - Die Infinitivgruppe wird durch folgende Worte eingeleitet:
>   **als, (an)statt, außer, ohne, um**
>   Beispiele: Christoph konnte nichts anderes tun, <u>**als** ihnen zu vertrauen</u>.
>   Er versuchte zu schlafen, <u>**(an)statt** immer über die Entführung zu grübeln</u>.
>   <u>**Außer** zu warten</u>, konnte Lena nichts tun.
>   Auxo griff die Reptilienmenschen an, <u>**ohne** auf die Gefahr zu achten</u>.
>   <u>**Um** gut ausgerüstet zu sein</u>, bauten sie sich viele Speerschleudern.
> - Eine erweiterte Infinitivgruppe **hängt von einem Substantiv ab**.
>   Beispiele: Christoph traf die **Entscheidung**, <u>möglichst schnell anzugreifen</u>.
> - Auf die erweiterte Infinitivgruppe wird durch ein Wort **hingewiesen** oder sie wird **wieder aufgenommen**.
>   Beispiele: „Ich befürworte **es**, <u>sofort anzugreifen</u>", sagte Christoph.
>   „Ich bin **dagegen**, <u>den Angriff durchzuführen</u>", widersprach Kaikias.
>   <u>Rechtzeitig seine Schwester zu retten</u>, **das** war sein größter Wunsch.
>   <u>Lena wieder in die Arme schließen zu können</u>, **darauf** hoffte Christoph.

34 Markiere alle Infinitive in Infinitivgruppen.

Ohne sich zu Christoph umzudrehen, zogen Skiron und Notos los, um den Bau der Speere und Speerschleudern zu organisieren, die sie brauchen würden, um gegen die Reptilienmenschen zu kämpfen. Christoph konnte nichts anderes tun, als zu warten. Er ließ seinen Blick schweifen, um herauszufinden, wo Skiron und Notos arbeiteten. Sie saßen am Rand der Kugel, wo sie damit beschäftigt waren, mit Steinmessern die Schäfte der Speere glatt zu schaben und die steinernen Speerspitzen zu befestigen. Andere schnitzten die Speerschleudern zurecht.
Plötzlich hatte Christoph eine Idee. Er sah sich um, um herauszufinden, wo Thallo, Auxo und Karpo steckten. Karpo schlenderte gerade über den großen Platz. Eilig lief er zu ihr, um ihr von seiner Idee zu berichten. Sie nickte bereitwillig, als er ihr sagte, was sie machen solle, und, ohne sich weiter um ihn zu kümmern, rannte sie davon.

Christoph zuckte zusammen, als sich eine Hand auf seine Schulter legte. Kaikias war von hinten gekommen und blickte ihn lächelnd an. „Ich freue mich sehr, alle so konzentriert arbeiten zu sehen", klang Kaikias' Stimme in Christophs Kopf, „und ich bin sicher, dass es uns gelingen wird, deine Schwester zu finden. Und vielleicht schaffen wir es auch, unsere Kinder zu retten." Da verdüsterte sich sein Blick und Christoph hörte ihn leise hinzufügen: „Wenn sie noch am Leben sind." ...

35 Markiere die erweiterten Infinitive.

Dies alles sagte Kaikias, ohne die Lippen zu bewegen. Schließlich wandte er sich um und ging zum Rand der Kugel, um den Fortschritt der Arbeit zu überprüfen. Aufmerksam ging er von einem zum anderen und nickte zufrieden, als er sah, wie schnell es ihnen gelang, die Speere und Speerschleudern herzustellen. Er nahm einen neuen Speer und eine Speerschleuder und, ohne lange zu zögern, probierte er sie aus. Der Speer zischte durch die Luft und blieb mit einem leichten Nachzittern in einem Baum stecken. Kaikias suchte Christophs Blick, um ihm sehr anerkennend zuzunicken.

Es stimmte Christoph zuversichtlich, dass alle so fleißig arbeiteten, es machte ihm aber auch Angst, wenn er an die Gefahren dachte, die ihnen bevorstanden. Er war bereit, sich für seine Schwester einzusetzen. War er aber auch fähig, mit den Terragonen zu kämpfen? Er war doch nur ein Junge, der bis vor kurzem leidlich zufrieden in die Schule ging, um sich mit den Schlachten des Dreißigjährigen Krieges zu beschäftigen oder den Knochenbau der Zauneidechse zu analysieren. Und jetzt war es seine dringendste Aufgabe, Speere zwischen die Rippen hässlicher Riesenechsen zu jagen! Gleichzeitig sollte er eine Schar von piepsenden Vogelmenschen in den Kampf führen, die in ihm eine Art Anführer sahen und ihm vertrauten.

Christoph musste lachen – wenn das alles hier sein Sportlehrer sehen könnte! „Junge, nicht so vorsichtig auf den Bock zulaufen! Du musst mutiger Anlauf nehmen, um den Sprung zu schaffen!" Oder Frau Zulkowski mit ihrem Vivarium: „Fasst die Eidechse vorsichtig hinter dem Kopf, ihre kleinen Zähne können euch nichts tun." Man wächst ja mit seinen Aufgaben, schmunzelte Christoph. Der Sprung von der Zauneidechse zu den Reptilienmenschen war aber doch recht gewaltig. ...

36 Forme die *dass-* und *damit-*Sätze in Infinitivsätze um und setze Kommas.

Beispiele:
Er hoffte, **dass** er Lena aus den Klauen dieser Untiere befreien konnte.
→ *Er hoffte(,) Lena aus den Klauen dieser Untiere befreien zu können.*
Sie gingen zeitig in ihre Nester, **damit** sie für den Kampf ausgeschlafen waren.
→ *Sie gingen zeitig in ihre Nester, um für den Kampf ausgeschlafen zu sein.*

a) Skiron schien müde, aber zufrieden zu sein. „Wir haben für alle ausreichend viele Speere und Speerschleudern hergestellt. Wir hoffen, **dass** wir damit die Terragonen besiegen können."

b) Einer nach dem anderen kam, setzte sich und sah Christoph erwartungsvoll an. Der stand auf, **damit** er von allen gesehen werden konnte.

c) „Vielen Dank für eure Arbeit", sagte Christoph. Wir werden morgen um eure Kinder und um meine Schwester kämpfen. Wir werden für eure Zukunft kämpfen, für euren Frieden und eure Sicherheit. Bereitet euch darauf vor, **dass** wir im Morgengrauen aufbrechen."

d) Die Avilonen gingen schlafen, nur Skiron und Notos blieben noch bei Christoph. „Wir haben gute Chancen, **dass** wir den Kampf gewinnen",

sagte Notos, der Christophs Zweifel spürte.

e) Christoph nickte: „Du bist ein guter Freund! Wir brauchen aber Glück, **damit** wir erfolgreich sind.

f) Wir kennen die Höhlen der Terragonen nicht. Wir wissen nicht, wo eure Kinder und Lena gefangen gehalten werden. Wir haben keine Ahnung, wie viele Reptilienmenschen in den Höhlen wohnen. Ich habe Angst, **dass** ich euch in den Tod führe."

_____

_____

g) Notos schüttelte den Kopf: „Sei nicht so pessimistisch. Die Reptilienmenschen haben keine Waffen, nur ihre Klauen und Zähne. Wir haben den Vorteil, **dass** wir Speere haben und sie aus der Ferne treffen können.

_____

_____

h) Und wir kommen für sie überraschend. Nie haben wir uns in den Vulkankrater gewagt. Sie glauben, **dass** sie in Sicherheit sind."

_____

Christoph seufzte: „Lass uns jetzt schlafen, wir müssen morgen wach sein." Sie gingen in ihre Schlafnester und träumten von dem Kampf, der am nächsten Tag stattfinden sollte. **...**

37 Begründe, warum das Komma hier beim erweiterten Infinitiv jeweils verpflichtend gesetzt werden muss. Markiere dazu das entscheidende Wort.

Christoph rieb sich die Augen, um den Schlaf zu verscheuchen. Es dämmerte und noch war niemand zu sehen. Mit einem Holzkamm, den er sich geschnitzt hatte, kämmte er seine Haare. Die waren mittlerweile recht lang geworden, sodass er sie zu einem Pferdeschwanz binden musste, um zu vermeiden, dass sie ihm ins Gesicht hingen. Bald hatten sich alle auf dem Versammlungsplatz zusammengefunden. Als Karpo Christoph erblickte, gab sie ihm ein Zeichen, zu ihr zu kommen. Karpo, Thallo und Auxo hatten Christophs Idee in die Tat umgesetzt und die ganze Nacht gearbeitet, um rechtzeitig fertig zu werden. Für Christoph hatten sie einen Tragesitz aus Rindenfaserstoff genäht, in dem er sich, gehalten von zwei Avilonen, im Flug transportieren lassen konnte. Sie hatten auch Tragesäcke für die Speere angefertigt, aus denen sich die Krieger im Kampf schneller bedienen konnten. Das war besser, als für jeden Wurf umständlich einen neuen Speer zu suchen.

Jedem der muskulösen Krieger waren zwei Speerträger zugeordnet. Mit ihnen wurde jeder Krieger zu einer Art Maschinengewehr, so schnell konnte er seine Speere den Terragonen entgegenschleudern – wenn seine Muskeln es aushielten, so belastet zu werden. Er sah über hundert Krieger sich bereit machen, hinter denen schon die Speerträger standen. Eine andere Gruppe trug Säcke mit Pechfackeln bei sich mit dem Ziel, in den Höhlen etwas sehen zu können. Kaikias war in die Mitte des Versammlungsplatzes getreten und deutete nach oben. Christoph staunte, dass an der Oberseite der Kugel mithilfe von Seilen ein riesiger Deckel abgehoben worden war. Alle waren nun dazu bereit, in den Kampf zu ziehen.

Ohne sich von den Aufbruchsvorbereitungen stören zu lassen, kam Karpo, strich Christoph über das Haar und flüsterte: „Pass auf dich auf!" Mit mächtigen Flügelschlägen hoben sie sich in die Luft und Christoph kletterte in seinen Sitz. Karpo, Thalo und Auxo reckten ihre Hälse, um den Aufbruch besser sehen zu können, und Karpo winkte Christoph besonders lange nach.
Christoph merkte, dass sie dabei waren, Höhe zu gewinnen. Die Öffnung kam immer näher und plötzlich sah er das Grün des Dschungels im dämmrigen Dunkel unter sich liegen. Ein Avilone nach dem anderen schoss durch die Öffnung in den dämmernden Morgenhimmel. Das bleigraue Meer hinter sich und den schwarz glänzenden Vulkankegel vor sich zu sehen, das war wahrhaftig bewegend! ...

38 Setze die Kommas bei den erweiterten Infinitiven.

Es war ganz bequem von den Avilonen durch die Luft transportiert zu werden. Nur wenn Christoph auf das Grün des Dschungels schaute, klammerte er sich fester an die Tragebänder um nicht hinunterzufallen. Der Schwarm senkte sich langsam und landete am Berghang unterhalb des Kraterrandes ohne von den Terragonen bemerkt zu werden. Alle schlugen sacht mit ihren Flügeln um das verräterische Rauschen ihrer Flügelschläge zu verringern. Christoph, Skiron und Notos schoben mit der Absicht die Lage zu erkunden vorsichtig ihre Köpfe über den Kraterrand.

Kein Terragone war zu sehen. Im Krater lag ein türkisblauer See, von dem ein ausgetretener Pfad zu einem Höhleneingang führte. Links und rechts sahen sie ausgebleichte Tiergerippe. „Sie benutzen den See um sich mit Wasser zu versorgen", dachte Christoph, und Notos und Skiron nickten zustimmend. Zum Kraterrand schlängelte sich ein breiter Pfad hoch, der an der Außenseite des Vulkans in Serpentinen im Dschungel verschwand. „Auf diesem Pfad haben sie sicher auch Lena und die Kinder der Avilonen hochgeschleppt", seufzte Christoph.

Sie suchten nach weiteren Höhleneingängen. Der große Eingang schien aber der einzige zu sein. Möglicherweise gab es noch verborgene Zugänge um in die Höhlen zu gelangen, überlegte Christoph. Aber Notos und Skiron schüttelten ihre Köpfe: Die Terragonen hatten bisher sicherlich anderes zu tun als an weitere Ausgänge zu denken. Wer hätte es denn bisher gewagt ihnen nahe zu kommen oder gar in den Vulkankrater zu steigen?

Die Terragonen fühlten sich sicher anstatt mit einem Angriff zu rechnen. Da sie überrascht wurden, würden sie nicht genügend Zeit dafür haben ihre Abwehr zu organisieren. Sie würden sich zwar nicht ergeben ohne sich zu wehren. Die Überraschung war aber entscheidend um den Kampf kurz zu halten, dachte Christoph; sie müssten unbedingt darauf achten nicht vorzeitig entdeckt zu werden.

Er schaute sich noch einmal genau das Gelände an. Ja, sie müssten es vermeiden vom Höhleneingang her gesehen zu werden. „Könnt ihr im Gleitflug ohne mit den Flügeln zu schlagen den Hang hinab zum Höhleneingang segeln?", fragte er Skiron und Notos.
Die nickten und sofort erhoben sich alle drei und gingen zu den anderen. ...

Test 10 Setze die Kommas bei den erweiterten Infinitiven.

Um etwas langfristig zu lernen musst du es regelmäßig wiederholen. Die Wiederholungen in diesem Buch sind dazu gedacht dir dafür eine Hilfe zu geben. Du könntest dir aber auch anstatt vom Buch angeleitet zu werden selbstständig alte Aufgaben heraussuchen um sie noch einmal zu machen. Dabei wäre es sinnvoll deine früheren Ergebnisse mit den jetzigen zu vergleichen. Denke daran die Aufgabenübersicht am Anfang des Buches immer wieder zu verwenden um deine Ergebnisse einzutragen. Du wirst sehen, dass stetes Üben dabei hilft deine Ergebnisse zu verbessern. Und gute Ergebnisse zu erzielen hoffen wir doch alle.

Lösung und Auswertung findest du auf Seite 123.

Wiederholung 8 Setze die Kommas bei den Nebensätzen.

Einer nach dem anderen stieg zum Kraterrand und schwebte dem Höhleneingang entgegen. Noch immer war nichts von den Terragonen zu sehen. Die Avilonen die direkt über dem Höhleneingang standen legten sich auf einmal flach auf den Boden; ein Terragone trat aus der Höhle der einen abgenagten Brustkorb zu den anderen Knochen warf und laut rülpste. Eigentlich war er ein riesiges Krokodil, rund drei Meter groß. Er schleppte einen muskulösen Schwanz hinter sich her, der Körper war mit massiven Knochenplatten bewehrt und die Vorderbeine waren kräftige Arme die mit scharfen Klauen versehen waren. Noch einmal musterte er das Kraterrund und schlurfte zurück in die Höhle. Angesichts seines Gestanks dachte sich Christoph dass er auch noch eine Gasmaske hätte erfinden sollen. Vorsichtig stiegen sie den Abhang hinunter.
Auf einmal hörten sie ein Schlurfen. Skiron und Notos die dem Eingang am nächsten standen hoben ihre Waffen und bevor der Terragone nach links und rechts sehen konnte hatten sich zwei Speere in seinen Brustkorb gebohrt. Er blickte ungläubig drein als er auf die Knie sank, röchelte und zur Seite fiel. Christoph ballte die Hände zu Fäusten. Seine Speere waren in den Schuppenpanzer eingedrungen so wie Messer in Butter gleiten! Nun zündeten alle ihre Fackeln an und drangen in die Höhle vor. Im Schein der Flammen erblickten sie zu ihrer Überraschung zahlreiche Wandmalereien auf denen Terragonen bei der Jagd zu sehen waren. ...

9 Kommas beim Partizip

Das **Partizip** heißt auf Deutsch auch „Mittelwort", weil es **wie ein Adjektiv** oder **wie ein Verb** verwendet werden kann:

▶ Der *fliegende* Avilone – hier übernimmt das Partizip die Aufgabe eines Adjektivs; es bezeichnet eine **Eigenschaft** und steht direkt vor dem zugehörigen Nomen.

▶ *Fliegend* näherten sich die Avilonen – in diesem Fall ersetzt das Partizip einen Satz *(Indem sie flogen, …")*; es gibt eine **Handlung** wieder und erfüllt somit die Aufgabe eines Verbs.

In diesem Kapitel geht es um das Partizip, das eine Handlung wiedergibt.

Das Partizip

- Das Partizip ist (wie der Infinitiv) eine Verbform, die nicht konjugiert wird.
  Man unterscheidet zwei Formen:
  das **Partizip Präsens** *(singend, machend)* und
  das **Partizip Perfekt** *(gesungen, gemacht)*.

- Ein **einfaches Partizip** benötigt kein Komma.
  Beispiele: *Gelangweilt* standen Skiron und Notos herum.
  Lächelnd kam Christoph vorbei.

- Wird das Partizip durch ein weiteres Wort näher bestimmt, dann spricht man vom **erweiterten Partizip**. Du **kannst** es durch ein **Komma** abtrennen, um die Gliederung des Satzes zu verdeutlichen.
  Beispiele: *Gut vorbereitet*(,) gingen sie in den Kampf.
  Vor Furcht zitternd (,) versteckten sie sich in der Höhle.

- Wird das erweiterte Partizip jedoch **nachgetragen** oder **wieder aufgenommen**, dann **muss** ein Komma gesetzt werden.
  Beispiele: Die Avilonen, *sich vorsichtig anschleichend*, überraschten die Feinde.
  Sich vorsichtig anschleichend, **so** überraschten sie die Terragonen.

Tipp: Wie du siehst, sind die Regeln recht ähnlich wie die beim erweiterten Infinitiv (vgl. S. 54). **Zeichensetzung ist etwas sehr Logisches** – fast wie Mathematik. Dort drücken z. B. runde, geschweifte oder eckige Klammern unmissverständlich aus, was zusammengehört.

39 Markiere alle Partizipien.

Vorsichtig nach allen Seiten blickend, so bewegten sie sich vorwärts. Schritt für Schritt gingen sie in das Vulkaninnere, die Speere wurfbereit in der Hand haltend. Immer wieder sahen sie bewundernd die großen Wandgemälde an, die, je tiefer sie in die Höhle eindrangen, immer farbenprächtiger wurden. Es schien fast so, als ob die Farben gegen die Dunkelheit der Höhlen ankämpfen sollten.
Der Gestank wurde unerträglich. Kleinere Gänge tauchten vom Hauptgang steil in die Tiefe ab. Sie blieben stehen, als sie hörten, wie sich ein Terragone unter Gestöhne einen steilen Gang hocharbeitete. Vollkommen überrascht, blieb er stehen, als er die Avilonen erblickte, und versuchte, ein schrilles Pfeifen ausstoßend, in der Tiefe des Ganges zu verschwinden. Da bohrten sich knirschend zwei Speere in seinen Rückenpanzer. Ächzend stürzte er in den Gang zurück.
Sein Pfiff war den anderen aber eine Warnung: In der Ferne hörte man plötzlich ein Trampeln und ein Schaben von Panzern, die aneinander rieben. Die Geräusche kamen näher und die Werfer hielten ihre Speere bereit. Wieder gellten Pfiffe durch den Höhlengang und die Terragonen waren jetzt schon ganz nah. Angespannt und auf ein Kommando wartend, standen die Speerwerfer da. „Los!", rief Christoph, als die Terragonen noch dreißig Meter entfernt waren. Die Speere fuhren ihnen in die Brust, im Todeskampf ließen sie ihre Steine fallen. Die Reptilienmenschen gingen unter in einer Wolke aus Speeren, die nicht nur einfach an ihren Panzern kratzten wie früher, sondern mit tödlicher Wucht in ihre Körper fuhren. Es war ein kümmerlicher Rest, der entsetzt und verstört davonlief. Jubilierend schlugen die Vogelmenschen ihre Speere klappernd aneinander und blickten triumphierend auf den Haufen von toten Leibern. Ein solcher Sieg kam für sie wirklich überraschend! ...

Kommasetzung

40 Wandle die erweiterten Partizipien in Sätze um und setze nötige Kommas.

Er sah zu, wie die Avilonen, **immer wieder aufmerksam in die Tiefe des Ganges blickend,** _die immer wieder aufmerksam in die Tiefe des Ganges blickten,_ über die am Boden liegenden Terragonen stiegen. **Von ihrem ersten Sieg überwältigt** (a), _____

_____ gingen sie fast beschwingt weiter, da sie wohl wussten, dass die Reptilienmenschen ihrer Speerwalze nur jämmerliche Steine entgegenzusetzen hatten. Christoph stand noch da und sah die anderen, **sorglos redend und lachend** (b), _____

_____ den Gang hinunter gehen. Das war noch nicht alles, das war zu leicht, dachte er und rief Skiron und Notos zu sich. „Ermahnt alle, vorsichtig zu sein! Die Terragonen wissen jetzt, was sie erwartet. Sie werden uns nicht mehr so offen angreifen, **nur auf ihre Panzer vertrauend** (c) _____

_____. Schickt lieber Späher voraus!" Die beiden nickten heftig mit ihren Federbüschen und befolgten den Rat des Jungen. **Den Blick immer geradeaus haltend** (d), _____

_____ kletterte Christoph über die Panzer der Reptilienmenschen und zuckte immer zusammen, wenn sein Fuß auf den glatten Panzerplatten ausrutschte. Alle hatten sich um Skiron und Notos versammelt, **darauf wartend** (e), _____
was die Späher melden würden. Einer der Fackelträger schaute sich neugierig eines der Wandgemälde an und beleuchtete es. Vollkommen überrascht betrachtete er noch einmal genauer, was er eben entdeckt hatte, und rief dann seine Kameraden zu sich. **Neugierig geworden** (f),

_____

beugten sie sich über die Stelle, die von der Fackel beleuchtet wurde. Auch Christoph warf einen kurzen Blick darauf und schüttelte den Kopf: „Das ist doch völlig unmöglich!" In der rechten Ecke des Bildes waren zwei junge Avilonen und ein Terragone zu sehen, **sich einen Ball zuwerfend** (g) _____.

Auch Skiron und Notos wurden stutzig. Sie schossen hoch, als einer der Späher, **heftig am Kopf blutend** (h), _____ _____ im raschen Lauf auf sie zu rannte. Er berichtete, dass sie mit schweren Steinen beworfen worden waren. Die ersten zwei Späher hatten sich nicht mehr retten können! **Auf einem Felsvorsprung stehend** (i), _____ _____ würden die Terragonen von oben Steine auf alle werfen, die sich im Gang bewegten. ...

41 Setze bei allen erweiterten Partizipien die Kommas.

Das Gesicht vor Schmerz verzerrt so saß der Späher da und wartete darauf, dass seine Wunde behandelt wurde. Christoph zog Skiron und Notos beiseite und erklärte ihnen, welchen Plan er hatte, um die Reptilienmenschen zu besiegen. Mit dem Speer in den Sand des Höhlenbodens zeichnend entwarf er eine kleine Skizze. Die beiden studierten sie und machten sich dann mit einer Gruppe auf den Weg zum Ausgang, um in die Kugel zurückzufliegen und mit den Dorfbewohnern das zu bauen, was Christoph vorgeschlagen hatte.

Auf Christophs Rat hin wurden beide Seiten des Gangs von jeweils vier Speerwerfern bewacht. Die anderen mittlerweile müde und hungrig geworden setzten sich an die Wände, dösten vor sich hin oder aßen und tranken von den mitgebrachten Vorräten. Christoph blickte zur Decke angestrengt darüber nachdenkend, ob seine Strategie richtig war. Er hatte nun einen Feldzug zu verantworten, in dem andere starben. War diese Rettungsaktion das wert? Die Stirn in Falten gelegt starrte er vor sich hin und seine Gedanken drehten sich im Kreis; die Stunden schleppten sich träge dahin.

Da ging ein Fackelträger eine Fackel hoch über den Kopf haltend an Christoph vorbei und der Feuerschein strich über ein Wandgemälde, das gerade angefangen worden war. Gerade noch einen Aufschrei unterdrückend sprang der Junge plötzlich auf. Er stürzte dem Vogelmenschen die Fackel aus der Hand reißend zum Gemälde und konnte die Tränen nicht mehr zurückhalten: Seine kleine Schwester saß inmitten von Vogelmenschen auf einer Wiese. Das war Lena! Was hatte das zu bedeuten? Ungläubig den Kopf schüttelnd stand er vor der Höhlenwand. Das Flackern der Fackel ließ ihr Gesicht lebendig erscheinen und Christoph wusste nun wieder, warum er das alles tat und warum auch die Vogelmenschen diese Gefahren auf sich nahmen.

In Schein der Fackel sah er etwas auf dem Boden blinken. Neugierig geworden bückte er sich und schaute es sich interessiert an; es war schwer und glänzte rötlich. Christoph den Fund in seine Hosentasche steckend wollte sich später näher damit beschäftigen. ...

Test 11 Setze die Kommas bei den erweiterten Partizipien.

Gut vorbereitet wird es dir keine Schwierigkeiten mehr machen, Kommas richtig zu setzen. Aufmerksam die Aufgaben bearbeitend ist dir sicher aufgefallen, dass sich das erweiterte Partizip oft ungewohnt anhört. Der erweiterte Infinitiv klingt dagegen eleganter als ein Nebensatz.
Gelungene Texte bieten Abwechslung viele sprachliche Möglichkeiten nutzend. Den Leser unterhaltend und ansprechend so sollen Texte geschrieben werden. Wenn dem Leser vom Schlaf überwältigt die Augen zufallen, hat dein Text seine Aufgabe verfehlt.

Lösung und Auswertung findest du auf Seite 126.

Wiederholung 9 Setze die Kommas bei den erweiterten Infinitiven.

In der Ferne tauchten glühende Punkte auf und erleichtert riefen die Vogelmenschen: „Sie kommen zurück." Christoph ging ihnen entgegen um ihnen zu helfen. Sie trugen Holzdächer. Skiron sagte: „Alle haben dabei mitgeholfen die Dächer zu bauen." Christoph inspizierte sie und war zufrieden. Die Satteldächer würden ihre Aufgabe erfüllen Schutz vor dem Steinhagel der Reptilienmenschen zu bieten. Dann setzte sich der Zug in Bewegung. Vorne ging eine Gruppe von Speerwerfern und hinter ihnen folgten wie Riesenschildkröten die Schutzdächer. Der Gang weitete sich und wurde höher. Der Späher stoppte und deutete in die Höhe.
Hoch über dem Gang standen Terragonen mit Steinen in ihren Klauen um sie auf die Avilonen hinabprasseln zu lassen. Ein großer Stein donnerte zu Boden ohne viel auszurichten, denn die Avilonen hielten Abstand. Die Speerwerfer stellten sich jetzt an den Wänden auf, ihre Speere zischten nach oben. Im selben Moment bewegten sich die Schutzdächer vorwärts. Es krachte furchtbar, als ein Stein auf das Dach fiel ohne aber Schaden anzurichten. Die Reptilienmenschen waren zu beschäftigt damit den Speeren auszuweichen.
Der Gang weitete sich zu einer großen Halle. Sie bildeten mit ihren Dächern einen Kreis und stellten sie als Schutzschilde vor sich auf. So machten sie sich kampfbereit. Auf einmal war es still. ...

10 Kommas bei Appositionen und nachgetragenen Erläuterungen

Manche Menschen sind nachtragend: Sie nehmen einem lange etwas übel. In diesem Kapitel geht es aber nicht um zwischenmenschliches „Nachtragen", sondern um sprachliche Nachträge.

> **Nachträge**
> - **Nachgestellte Beifügungen** erklären das Wort, auf das sie sich beziehen, näher und stehen im gleichen Kasus. Diese Beifügungen nennt man auch „**Appositionen**". Sie werden mit **Kommas** von ihrem Bezugswort abgetrennt.
>   Beispiele: Christoph**,** Lenas Bruder**,** war verzweifelt.
>   Sie fällten den Baum**,** eine prächtige Palme.
>   Skiron bot Christoph**,** dem guten Freund**,** seine Hilfe an.
>
> - Auch **nachgetragene Erläuterungen** werden mit **Kommas** vom übrigen Satz abgetrennt. Sie werden oft mit bestimmten Wörtern eingeleitet.
>   Beispiele: Nach Sonnenuntergang**,** *also* bei Dunkelheit**,** greifen wir an.
>   Sie würden angreifen**, und zwar** am nächsten Tag.
>   Wir haben einen entscheidenden Trumpf**,** *nämlich* die neuen Speere.
>   Nächstes Mal suchen wir ein gemütlicheres Reiseziel aus**, z. B.** die Schweiz.
>   Die Avilonen**, besonders** Skiron und Notos**,** mochten die Kinder.

Tipp: Du hast nun bereits mehrfach gesehen, dass Kommas eine **entscheidende Lesehilfe** sind und nicht etwa eine Erfindung, um Schülern Ärger zu bereiten. So ist es auch bei den Nachträgen, denn manchmal zeigt dir allein das Komma, was genau gemeint ist:

Skiron, Notos' bester Freund, und Christoph sind ein gutes Team. (2 Personen)
Skiron, Notos' bester Freund und Christoph sind ein gutes Team. (3 Personen)

42 Markiere Appositionen und nachgetragene Erläuterungen.

Die Reptilienmenschen schauten betroffen auf die Speerwerfer im Gang und auf die provisorische Burg in der Halle. Sie waren eingeschlossen, und zwar vollkommen. Mit ihren Steinen konnten sie keinem mehr gefährlich werden und, wenn sie den Felsvorsprung verließen, um anzugreifen, waren sie Ziele, bequem abzuschießen wie Blechbüchsen in einer Schießbude. Christoph, der große Stratege, sah sich um:
Die Halle, also eigentlich eher der „Dom", war riesig. Außer dem Gang, durch den sie gekommen waren, endeten zwei weitere Gänge in ihr. In

einem Gang hörte man Geräusche, nämlich das Knirschen von aneinander reibenden Panzern. Die Speerwerfer hakten ihre Speere in die Schleudern und holten aus. Ein leises Grunzen war zu hören und vorsichtig spähte ein Reptilienmensch aus dem Gang. Christoph schüttelte den Kopf, als er merkte, dass einer der Speerwerfer Anstalten machte zu werfen. Er sah, dass sich im Gang mehrere Reptilienmenschen, recht imposante Erscheinungen, drängten und die Halle stürmen wollten. Die Terragonen auf dem Felsvorsprung blickten hoffnungsvoll drein.

Auf einmal stolperte der vorderste von ihnen, eine große und mächtige Gestalt, in die Halle und die anderen folgten ihm. Wie ein Blitz, genauer gesagt wie ein hölzerner Blitz, flogen die Speere und bohrten sich in den Lehmboden, wo eben noch die Reptilienmenschen gestanden hatten. Sie waren im letzten Moment zurückgesprungen. Wütendes Schnauben, ein wirklich fürchterliches Geräusch, war aus dem Gang zu hören. Die Avilonen freuten sich. Seitdem sie denken konnten, waren die Terragonen die gefürchteten Feinde, gegen die sie sich nicht wehren konnten, und die sie ohnmächtig erdulden mussten. Jetzt waren sie stärker als die Terragonen, die mit ihren Klauen und Zähnen und den Steinen nur auf kurze Entfernung kämpfen konnten und gegen die Speere, die todbringenden Geschosse, auch durch ihren Panzer nicht geschützt wurden.

„Von dem Felsvorsprung kommen sie nicht mehr herunter, also zumindest nicht lebend", meinte Christoph, „sie wissen, dass wir sie jetzt schon treffen können. Die anderen kommen aus dem Gang nicht in die Halle." „Wenn unsere Kinder und Lena noch leben, haben sie die als Geiseln", meinte Notos. „Wir müssen verhandeln", stellte Christoph fest. ...

43 Setze die fehlenden Kommas.

Skiron, Notos und Christoph die Unterhändler legten ihre Speere Zeichen der Feindschaft auf den Boden und verließen zwischen zwei Dächern die Burg. Sie gingen mit erhobenen Händen zum Felsvorsprung und setzten sich schutzlos in Wurfweite der Steine auf den felsigen Boden. Die Terragonen auf dem Felsvorsprung beobachteten etwas ratlos, was geschah. Dann steckten sie ihre grässlichen Schnauzen zusammen. Lange Zeit war nur ein Grunzen und Schnauben zu hören ein für die Vogelmenschen angsterregendes Geräusch. Dann lösten sich drei aus der Gruppe und kletterten den Abhang hinab und zwar geschickter, als man es bei ihrer Massigkeit hätte erwarten können.

Zum Zeichen ihrer Friedfertigkeit hoben auch sie ihre Arme, und Christoph sah die scharfen, schwarzen Klauen ihre gefährlichsten Waffen nun aus nächster Nähe. Sie setzten sich. Skiron und Notos beugten sich nach vorne, um mit ihnen in Gedankenverbindung zu treten. Doch Skiron schüttelte den Kopf: „Wir können keine Verbindung zu ihnen aufbauen. Ich sehe nur unzusammenhängende Bildfetzen nämlich undeutliche Kampfszenen." Christoph sah den Reptilienmenschen neugierig in die Augen. Ihre Iris war oval und goldgelb. Von den Mäulern baumelten Schleimfäden. Christoph schüttelte es unwillkürlich.

Die drei Terragonen grunzten sich etwas zu. Der größte von ihnen ein Ungetüm mit rötlichem Panzer hob seinen Arm, zeigte zu dem Gang, in dem seine Artgenossen verschwunden waren, und deutete an, dass er sich erheben wollte. Christoph nickte und der Koloss stapfte zu dem Gang, seinen schuppigen Schwanz hinter sich her schleifend. Alle besonders die Reptilienmenschen auf dem Felsvorsprung schauten ihm gespannt nach, als er verschwand.

Man saß sich etwas verkrampft gegenüber. Auch die Reptilienmenschen strengte die Situation merklich an. Ihre Augen sprangen unruhig hin und her und sie atmeten schnell also jedenfalls schneller als sonst. Auf einmal ging ein Raunen durch die Schar der Vogelmenschen. Aus dem Gang stapfte der riesige Terragone und hinter ihm sprang leichtfüßig ... – „Dysis, mein Kind!" Einer der Avilonen konnte kaum von den anderen davon abgehalten werden, zu seinem Kind zu eilen. „Kind" ist gut, schmunzelte Christoph, denn Dysis war eine erwachsene Frau. ...

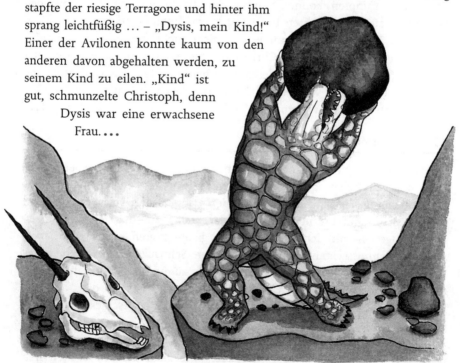

Test 12 Setze Kommas bei Appositionen und nachgetragenen Erläuterungen.

> Satzzeichen besonders Kommas können manchmal sogar Leben retten. Das zeigt uns die folgende Geschichte:
> Ein mutmaßlicher Mörder sollte hingerichtet werden. Der König ein gerechter und weiser Herrscher hatte die Möglichkeit zur Begnadigung. Die Richter schickten einen Boten einen berittenen und zuverlässigen Mann, um nachzufragen, ob der König den Verbrecher begnadigen wolle. Der Bote kam mit der Nachricht zurück:
> ICH KOMME NICHT HINRICHTEN!
> Die Richter drei überaus korrekte Menschen grübelten lange, was diese Botschaft bedeutete: Sollte der Mann hingerichtet werden und zwar in Abwesenheit des Königs? Oder war der König unterwegs und der Mörder zu verschonen? Die Richter beschlossen aufgrund der Botschaft der zweideutigen, im Zweifel für den Angeklagten zu entscheiden – und schenkten ihm das Leben.

Lösung und Auswertung findest du auf Seite 130.

Wiederholung 10 Setze Kommas bei den erweiterten Partizipien.

Innerlich jubelnd sah Christoph Dysis an. In ein weißes Kleid gehüllt so trat sie zur Gruppe der Unterhändler. Notos und Skiron anlächelnd bot sie an zu dolmetschen. Die Terragonen setzten zu längeren Ausführungen an, wobei man gar nicht glauben mochte, dass dieses Gegrunze gemischt mit Schnauben irgendeinen Sinn ergeben könnte.
„Sie sehen ein, dass sie in einer schwierigen Situation sind und viele Krieger verloren haben. Sie erkennen an, dass ihr überlegene Waffen besitzt. Ihr sollt aber nicht vergessen, dass wir noch in ihrer Gewalt sind."
Fragend sah Christoph Dysis an. Sie antwortete ihn freundlich anlächelnd: „Deiner Schwester geht es gut. Sie hat nie gezweifelt, dass du kommen würdest." Er merkte, wie seine Augen feucht wurden, und fragte: „Sind die Terragonen bereit, die Kinder der Avilonen und Lena freizugeben?" Dysis all ihren Mut zusammennehmend wandte sich an die Reptilienmenschen, wobei das, was bei diesen ein Gegrunze und Gestöhne war, bei ihr wie das Dampfen und Pfeifen einer niedlichen Lokomotive klang. Erstaunt blickten Notos, Skiron und Christoph, als Dysis die Antwort übersetzte: Keine Bedingungen stellend waren sie bereit, alle freizulassen. ...

11 Kommas bei Gegensätzen und Einschränkungen

Konjunktionen und Adverbien zeigen dir oft, in welchem **logischen Verhältnis** einzelne Satzteile stehen. Wenn **Gegensätze oder Einschränkungen** formuliert werden, unterstützt ein Komma diese Aussage, indem es die Satzteile voneinander trennt. Wenn aber der **Zusammenhang** hervorgehoben werden soll (z. B. *sowohl – als auch*), wird folgerichtig kein Komma gesetzt.

> **Gegensätze und Einschränkungen**
> Bei den Konjunktionen *aber, sondern, (je)doch*, die auch zwischen Satzteilen stehen können, sowie bei den Adverbien *teils – teils* und *einerseits – andererseits* wird ein **Komma** gesetzt.
>
> Beispiele: Es war mal ganz schön**, aber** auch einsam ohne die Eltern.
> Lena lief nicht nur schnell**, sondern** auch gewandt durch den Dschungel.
> Die Terragonen sind stark**, (je)doch** auch etwas dümmlich.
> **Teils** war er erleichtert**, teils** bedrückt, als der Kampf beendet war.
> **Einerseits** war das Abenteuer spannend**, andererseits** auch furchteinflößend.
>
> Bei folgenden Konjunktionen setzt man **kein Komma:**
> beziehungsweise (bzw.), entweder – oder, sowohl – als auch, weder – noch, (so)wie
>
> Beispiele: Das Alleinsein **bzw.** die Einsamkeit machte Lena zu schaffen.
> **Sowohl** Notos **als auch** Skiron halfen Christoph.
> **Weder** Skiron **noch** Notos hatten Angst.
> Skiron und Notos **sowie** Christoph spähten über den Kraterrand.

44 Setze die Kommas bei Gegensätzen und Einschränkungen.

Alle waren überrascht, wie schnell die Reptilienmenschen ihre Lage akzeptierten doch auch misstrauisch, hatten sie doch bisher mit ihnen nur Schlechtes erlebt. Wie würden sich die Reptilienmenschen denn in Zukunft verhalten? Würden sie jetzt geschickt ihren Hals aus der Schlinge ziehen aber dann ihre Höhle in eine Festung verwandeln und weitermachen wie bisher? Alle Gefangenen freizulassen, das war wohl eine Lösung jedoch nur eine kurzfristige.

Immer mehr Reptilienmenschen waren aus dem Gang gekommen, doch weder die Vogelmenschenkinder noch Lena waren zu sehen. Skiron fragte Dysis, wo sie seien. Dysis sprach kurz mit den Reptilienmenschen und sagte dann: „Wenn ihr wollt, könnt ihr zu ihnen." Die Reptilienmenschen hatten sich ergeben. War das ein ehrliches Aufgeben oder nur eine List?

Sowohl Christoph als auch Skiron und Notos standen auf. Sie ließen sich in einen Gang führen, der sich zu einer kleineren Halle weitete. Christoph hielt den Atem an. Die Fackeln beleuchteten eine Bildergalerie. Diese waren einerseits von einer Prächtigkeit andererseits auch von einer Farbigkeit, die er so noch nie gesehen hatte. Lena saß glücklich inmitten von Vogelmenschen und Christoph rannte auf sie zu und schloss sie in die Arme. „Christoph, du Dummkopf, lass mich leben. Du hast mich doch nicht gerettet, um mir jetzt entweder die Rippen oder die Arme zu brechen!"

Die Vogelmenschen zwitscherten freudig, als sie ihre Kinder in die Flügel nehmen konnten. Christoph fragte Lena: „Was habt ihr denn hier unten gemacht?" „Teils geschlafen teils uns gelangweilt", seufzte Lena gespielt. Christoph schaute verdutzt und Lena lachte: „Du bist kein scharfer Beobachter. Sieh dich doch um!" Christoph inspizierte die Halle genauer und sah, dass überall auf dem Boden mit Farbe verschmierte Töpfe bzw. Eimer standen. „Habt ihr das gemalt?", fragte Christoph erstaunt. Christoph betrachtete die Wände der Höhle und dachte wieder an die Bilder in den Gängen. Er sah das alles, doch er fand es nicht einleuchtend sondern nur verwirrend. ...

Test 13   **Setze die Kommas bei Gegensätzen und Einschränkungen.**

Manche sagen, Zeichensetzung lerne man zwar nicht schnell aber doch automatisch – einerseits beim Schreiben andererseits beim Lesen. Nun schreiben und lesen zwar viele jedoch ohne positive Auswirkung auf die Zeichensetzung. Woran liegt das?
Wenn du z. B. Englisch-Vokabeln lernen willst, gelingt dir das nicht, indem du sie zwanzigmal durchliest, sondern indem du versuchst, dir fünf Vokabeln zu merken, sie abdeckst, dich abfragst, und, wenn du alle kannst, zur nächsten Fünfergruppe gehst. Nicht viel sondern richtig lernen hilft! In der ersten Lernstufe liest du sie durch, in der zweiten lernst du sie, indem du dich erinnerst und dann überprüfst, ob du die Vokabel richtig behalten hast. Du kannst nicht nur passiv lernen sondern auch aktiv. Das ist zwar anstrengender aber auch langfristig viel erfolgreicher. Bestimmt sind dir diese Tipps teils neu teils schon bekannt.

Lösung und Auswertung findest du auf Seite 132.

Wiederholung 11 Setze die Kommas bei Appositionen und Nachträgen

„Die Kinder der Avilonen haben das gemalt? Warum?", fragte Christoph. „Das war am Anfang also vor rund 20 Jahren wohl auch nicht so klar. Das habe ich den Erzählungen entnommen vor allem den Erzählungen von Dysis. Sie ist am längsten hier. Die Reptilienmenschen sind nicht so böse und unappetitlich, wie sie scheinen. Klar, sie stinken besonders ihr Atem. Sie wirken wie Unholde, aber – sie sind intelligent und haben Gefühle. Und sie lieben schöne Dinge! Die Reptilienmenschen leben in Höhlen, weil sie sich mit ihren Klauen diesen ungelenken Pranken keine Behausungen bauen können wie die Avilonen die Wohnkugeln. Sie haben sich das geholt, was sie selbst nicht haben können nämlich Schönheit. Sie lassen sich ihre Höhlen mit prächtigen Wandgemälden verschönern. Die entführten Kinder der Avilonen haben sich schnell an die Verhältnisse hier gewöhnt und nach einigen Jahren fast vergessen, dass es noch eine oberirdische Welt gibt."
„Du vergisst das Entscheidende ihr Verbrechen. Sie haben Kinder entführt!", wendete Christoph ein. Lena schüttelte den Kopf: „Das mag sein. Sie dürfen den Eltern nicht einfach die Kinder ihr Ein und Alles wegnehmen. Aber ich weiß auch, sie sind nicht von Grund auf böse." ...

12 Kommas bei Ausrufen, Anreden und Hervorhebungen

Hui!, Ach!, Oh! Pfui!, Hurra! nennt man „Ausdrucks- oder Empfindungswörter", die deutlich machen, **was der Sprecher denkt oder fühlt**. Dasselbe gilt für *ja* und *nein*. Mit diesen Wörtern kannst du auch „Einwortsätze" bilden. Deswegen trennt man sie mit einem Komma ab.

> **Ausrufe, Anreden, Hervorhebungen**
> - Ein Komma wird gesetzt bei **Ausrufen** (wenn sie besonders hervorgehoben werden sollen) und bei **Anreden**.
>   Beispiele: Ach, der Gestank der Reptilienmenschen ist unerträglich!
>   Wie ekelhaft, igitt!
>   Christoph, ich habe immer gewusst, du würdest kommen.
>   Lena, mein Schwesterherz, dafür bin ich doch da.
> - Ein Komma wird auch gesetzt, wenn ein **Nein** oder ein **Ja** am Anfang oder am Ende des Satzes steht.
>   Beispiele: Nein, so können wir das nicht machen. Das geht so nicht, nein!
>   Ja, der Plan mit den Speerschleudern ist gut. Lena ist deine Schwester, ja?
> - Durch ein Komma wird **bitte** abgetrennt, wenn es besonders betont werden soll. Ein formelhaftes *bitte* verlangt dagegen kein Komma.
>   Beispiele: Bitte, tut meiner Schwester nichts!
>   Bitte gib mir die Schleuder, Notos.

45 Setze Kommas bei Anreden und Wörtern, die hervorgehoben werden sollen.

„Lena du wirst ja richtig philosophisch", spottete Christoph, nachdem seine Schwester die Terragonen in Schutz genommen hatte. „Ach nie nimmst du mich ernst. Erst setzt du eine ganze Armee in Bewegung, um mich zu retten, und dann behandelst du mich wieder wie deine kleine Schwester", motzte Lena. „Nein du weißt, dass das nicht stimmt", verteidigte er sich und Lena flüsterte versöhnlich: „Christoph du warst toll! Du hast die Avilonen von einer Plage befreit, die sie Jahrzehnte lang gequält hat."
Christoph war verstört. So hatte seine Schwester noch nie mit ihm geredet. Ihm fehlten jetzt die Worte, denn solche Gespräche mochte er nicht. Ja darüber nachdenken konnte er, aber darüber reden? Während des Gesprächs hatten sich die Vogelmenschen ausgiebig mit ihren Kindern beschäftigt und Christoph war richtig froh, als Notos jetzt zu ihnen trat und zum Aufbruch mahnte. Die Terragonen waren in die Höhle gekommen und

hatten das Wiedersehensfest beobachtet. Ihr mimisches Ausdrucksvermögen war begrenzt. Schaute man ihnen in die Augen, dann konnte man Traurigkeit sehen, gemischt mit Furcht vor einer freudlosen Dunkelheit. „Notos bitte rufe alle in der großen Halle zusammen", sagte Christoph. Er nahm seine Schwester an die Hand, die sie ihm in einem ersten Reflex wegziehen wollte, sich es dann aber doch gefallen ließ, von ihrem Bruder geführt zu werden. Christoph stellte sich auf einen Felsbrocken und hob die Hand. Alle blickten zu ihm.
„Freunde und ehemalige Feinde wir haben erreicht, was wir erreichen wollten. Euch allen sage ich dafür Dank; allen, die hier stehen. Auch denen, die wussten, wann die Zeit gekommen ist, mit dem Kampf aufzuhören. Hurra die, die wir lieben, haben wir wieder bei uns!" Christoph konnte nicht mehr weitersprechen, weil nach diesem Satz alle ihre Speere freudig gegeneinanderschlugen. Er hob wieder die Hand. „Ihr Bewohner der Höhlen wir gehen und lassen euch zurück. Doch seid sicher, dass wir wiederkommen. Aber nicht mit dem Speer nein, sondern mit Worten – Worten, die in die Zukunft weisen, Worten, die euch und die Vogelmenschen nicht trennen, sondern auf einen gemeinsamen Weg führen werden." Zustimmend grunzten die Terragonen, und das war, so fühlte Christoph, ein großer Erfolg. ...

Test 14 Setze die Kommas bei Ausrufen, Anreden und Hervorhebungen.

> Respekt du warst fleißig! Schau einmal zurück, wie viele Seiten du geschafft hast. Ja du hast bald das Ende erreicht. Bitte lass jetzt nicht nach! Ach ich verstehe es doch auch – es ist manchmal mühsam, eine Übung nach der anderen zu bearbeiten.
> Liebe Schülerin, lieber Schüler du wirst aber stolz auf dich sein, wenn du das ganze Buch durchgearbeitet hast. Nein daran darfst du nicht zweifeln.

Lösung und Auswertung findest du auf Seite 134.

Wiederholung 12 Setze die Kommas bei Gegensätzen und Nebensätzen.

Ein langer Zug setzte sich in Bewegung und die Terragonen blieben mit hängenden Schultern zurück. Die Kinder der Avilonen die schon lange in den Höhlen gewohnt hatten waren ganz gespannt auf Sonne und Himmel und zwitscherten aufgeregt. Weil sie nie das Fliegen gelernt hatten wurden sie von jeweils zwei erfahrenen Fliegern an die Hand genommen und blickten neugierig aber auch ein bisschen ängstlich in Tiefe. Einer nach dem anderen hob ab und wurde immer kleiner während er dem Dschungel entgegenschwebte.

Als der Erste durch die große Deckenöffnung flatterte blickten alle Daheimgebliebenen sofort nach oben und eilten zum großen Versammlungsplatz. Es war nicht nur ein schöner sondern auch ein feierlicher Anblick als einer nach dem anderen durch die Öffnung flog. Jedes Mal wenn eines der entführten Kinder zurück in die Kugel kam schrien alle vor Freude auf, und manche Mutter und mancher Vater musste sogar gestützt werden, so überwältigte sie die Freude.

Allen Kämpfern war die Anstrengung ins Gesicht geschrieben aber auch der Stolz. Sie hatten geschafft was niemand geglaubt hatte. Sie hatten nicht nur einen Krieg sondern möglicherweise auch einen langen Frieden gewonnen. Schnell waren alle in ihren Nestern verschwunden und erholten sich von den Strapazen. Auf einmal standen Christoph und Lena alleine auf dem großen Versammlungsplatz und sie machten sich auch auf zu ihrem Nest in dem aber niemand auf sie wartete. Die Geschwister waren wieder vereint aber doch allein. Ihre Eltern fehlten. **...**

Weitere Satzzeichen

Da die meisten Satzzeichenfehler beim Komma auftreten, hast du dich im vorigen Kapitel ausführlich mit Kommas beschäftigt. Nun lernst du ein paar Satzzeichen näher kennen, die zwar nicht sehr häufig verwendet werden, einen Text jedoch viel **abwechslungsreicher, lebendiger** und auch **übersichtlicher** machen können:

▶ Strichpunkte und Doppelpunkte
▶ Gedankenstriche und Klammern

Baue diese Zeichen ruhig öfter in deine Texte ein – der Leser wird es dir danken!

13 Strichpunkt und Doppelpunkt

Der **Strichpunkt** ist (wie der Punkt) ein Zeichen, das das **Ende eines Satzes** signalisiert. Er ist ein wenig aus der Mode gekommen, was eigentlich recht schade ist.

Funktionen des Strichpunktes

Der **Strichpunkt** (auch: **Semikolon**) steht von seiner Funktion her zwischen dem Punkt und dem Komma. Er trennt mehr als das Komma, aber weniger als der Punkt. Ein Strichpunkt kann nur zwischen Hauptsätzen stehen.

- Du kannst einen Strichpunkt **anstelle eines Punktes** setzen, wenn du zwei Hauptsätze **weniger stark voneinander trennen** willst.

  Beispiel: *Christoph vertraute Notos und Skiron sehr. Denn sie waren seit Beginn seines Aufenthalts auf der Insel seine Freunde.*

     → *Christoph vertraute Notos und Skiron sehr; denn sie waren seit Beginn seines Aufenthalts auf der Insel seine Freunde.*

- **Anstatt** zwei Hauptsätze **mit einem Komma zu trennen**, kannst du einen Strichpunkt setzen, wenn die **Trennung stärker betont** werden soll.

  Beispiel: *Notos war mutig, aber Christoph war mutig und erfindungsreich.*

     → *Notos war mutig; aber Christoph war mutig und erfindungsreich.*

- Der Strichpunkt wird auch verwendet, um in einer **Aufzählung** Wörter, die zu einer gemeinsamen Sinneinheit gehören, zusammenzufassen.

  Beispiel: *In der Rettungsinsel fanden sie folgende Dinge: Müsliriegel, Wasser; Signalrakete, Notsender; Paddel, Rettungsring; Sonnenschutzcreme, Schmerzmittel.*

Beim Setzen des Strichpunktes hast du viele Freiheiten, weil es keine festen Regeln gibt. Vielleicht wird der Strichpunkt deswegen auch eher selten verwendet – leider!

Tipp: Besonders gut passt der Strichpunkt vor den Konjunktionen bzw. den Adverbien *allein, denn, darum, doch, daher:*

Die Reptilienmenschen waren stark und furchtlos; allein es half ihnen nichts.
Lena mochte sich manchmal wie ein kleines Mädchen benehmen; doch mutig war sie trotzdem.

46 Markiere diejenigen Punkte und Kommas, die man auch durch Strichpunkte ersetzen könnte.

Lena und Christoph schliefen lange. Denn der letzte Tag war anstrengend gewesen. In der Kugel herrschte schon reges Leben: Vogelmenschen brachten Früchte aus dem Dschungel, in großen Gefäßen wurde Wasser herbeigeschleppt, Brennholz wurde gestapelt und einige waren damit beschäftigt, Früchte auszupressen, deren Saft in großen, ausgehöhlten Kürbissen gesammelt wurde. Eines der geretteten Vogelmenschenkinder saß bei seiner Mutter, die den Arm um ihr Kind gelegt hatte. Sie wollten sich überhaupt nicht mehr loslassen: Der Alltag hielt wieder Einzug in die Kugel. Christoph räkelte sich unter seiner Schlafdecke, doch mit der Ruhe war es schnell vorbei. „Komm, steh auf! Ich habe Hunger. Lass uns Obst und Saft holen", drängte Lena. Christoph sprang sofort auf. Er kämmte sich mit den Fingern kurz seine Haare und folgte seiner Schwester. Sie holten sich Früchte, Brot und Saft, setzten sich auf den Boden und frühstückten. Sie blieben nicht lange alleine, denn Karpo erspähte sie und setzte sich zu ihnen. Sie bat Christoph, ihr die Ereignisse des Vortages zu erzählen. Christoph meinte, dass sie doch alles schon ausführlich erzählt bekommen habe. Karpo lächelte ihn aber so nett an, dass er ihr den Wunsch nicht abschlagen konnte. So erzählte er noch einmal, was passiert war, immer wieder unterbrochen von Karpos eifrigen Nachfragen. ...

Der **Doppelpunkt** hat eine besondere kommunikative Funktion: eine Erwartung zu wecken. Er erfüllt den Leser mit **Neugier**, wie es weitergeht.

> **Funktionen des Doppelpunktes**
> Den Doppelpunkt vor der direkten Rede hast du schon kennengelernt (vgl. S. 20). Er hat aber auch noch andere Funktionen.
>
> - Der Doppelpunkt steht **vor angekündigten Aufzählungen, Zitaten, Gedanken** oder **Erklärungen**.
>   Beispiele: *Folgendes nahmen sie mit: Fackeln, Obst und Wasser.*
>   *Ich erinnere mich, dass du vor kurzem gesagt hast: Wir werden bald zu unseren Eltern zurückkehren.*
>   *Christoph überlegte: Mit Speeren könnten sie die Terragonen besiegen.*
>   *Rauchschwaden stiegen aus dem Boden: Der Vulkan war immer noch aktiv.*
>
> - Der Doppelpunkt steht auch **vor Zusammenfassungen** und **Schlussfolgerungen**.
>   Beispiele: *Unsere Eltern, unser Zuhause, unsere Freunde: Alles mussten wir zurücklassen.*
>   *Lena schaute zum wolkenlosen Himmel: Das Wetter würde schön bleiben.*

Tipp: Wenn nach dem Doppelpunkt ein ganzer Satz folgt, wird der Satzanfang großgeschrieben, ansonsten klein.

*Die Geschwister schworen: Nie wieder würden sie eine Schiffsreise machen.
Eines aßen die beiden auf der Insel für ihr Leben gern: köstlichen Fisch.*

47 Begründe, warum die Doppelpunkte gesetzt wurden:
Aufzählung (A), Zitat (Z), Erklärung (E), Schlussfolgerung (S)

Fast schien es, als ob Karpo die Zeit verlängern wollte, die sie neben Christoph saß. Lena gähnte manchmal ein bisschen: ☐ So genau wollte sie es doch nicht wissen; nur die reine Höflichkeit hielt sie davon ab aufzustehen. „Denk daran, was Mama immer sagt: ☐ *Reden ist Silber, Schweigen ist Gold*", flüsterte sie. Doch Christoph fuhr fort in seinen ausschweifenden Erzählungen: ☐ Er war von Karpo offensichtlich ganz eingenommen.
Auf einmal bemerkten sie, dass am Eingang der Kugel Unruhe entstand, und sie reckten ihre Hälse, um zu sehen, was die Ursache war: ☐ Am Eingang drängten sich Vogelmenschen und zwitscherten aufgeregt. Da bildeten sie eine Gasse und durch sie schritten fünf Terragonen: ☐ der riesige mit dem rötlichen Panzer, ein kleinerer, der mit ihm im Gleichschritt ging, und drei weitere Kolosse. Christoph sah, dass einige nach ihren Speeren griffen und die Reptilienmenschen misstrauisch beobachteten. Kaikias, inzwischen von der Ankunft der Terragonen benachrichtigt, kam ihnen entgegen und begrüßte sie: ☐ Keiner wollte nämlich einen neuen Streit. ...

Test 15 Gib an, warum die Doppelpunkte gesetzt wurden. Markiere die Satzzeichen, die man auch durch Strichpunkte ersetzen könnte.

> Jemand hat einmal gesagt: (_____) „Lernen geschieht nicht von selbst." – Du kannst es dir aber durch die richtigen Lernmethoden erleichtern. Eine will ich dir hier vorstellen.
> Im Buch findest du Zeichensetzungsregeln mit Beispielsätzen. Schreibe eine Regel auf einen Zettel, auf einen anderen notierst du den Beispielsatz. Das machst du mit mehreren Regeln. Die Zettel klebst du ungeordnet an eine Stelle, an der du oft vorbeigehst. Immer, wenn du vorbeikommst, nimmst du einen Regelzettel und suchst den entsprechenden Beispielsatz. Das machst du so oft, bis du die Regel sicher beherrschst.
> Mit dieser Methode kannst du auch andere Grammatikregeln lernen. Wichtig ist, dass du konsequent bist: (_____) Das bedeutet, dass du immer, wenn du vorbeigehst, diese Übung machst.

Lösung und Auswertung findest du auf Seite 136.

Wiederholung 13 Setze Kommas bei Ausrufen, Anreden und Hervorhebungen.

Der Terragone mit dem rötlichen Panzer begann zu sprechen, Dysis übersetzte: „Ich heiße Atepomaros. Wir danken euch, dass wir kommen durften. Bitte verzeiht uns!" Kaikias umschloss seine Klauen: „Mein Name ist Kaikias. Als Erster des Stammes bin ich befugt, mit euch zu verhandeln. Wir verzeihen euch. Ja Vergangenheit soll Vergangenheit sein." Atepomaros grunzte: „Kaikias wir haben uns mit Gewalt genommen, was wir wollten. Das war falsch. Doch wir brauchen euch als Maler, als unsere Hände."
Da kramte Christoph in seiner Tasche und zog das rötliche Gebilde heraus. „Atepomaros kennst du diesen Stein?", fragte er. Der betrachtete ihn und sprach: „Ja in den Höhlen gibt es viele davon." „Wir nennen das Kupfer; man kann daraus so etwas wie sehr hartes Holz herstellen", entgegnete Christoph, „die Avilonen können für euch malen und ihr gebt ihnen Kupfer." Die Idee erschien den Avilonen sonderbar, doch Kaikas entgegnete, auf Christoph vertrauend: „Gut wir geben euch Bilder, ihr gebt uns Kupfer und eure Kraft, wenn wir sie brauchen." „Wunderbar abgemacht!", schnaubte Atepomaros, und er umarmte Kaikias. ...

14 Gedankenstrich und Klammer

Gedankenstrich und Klammer sind weitere Möglichkeiten, die die Zeichensetzung dir bietet, um einen klar verständlichen Text zu verfassen. Beide Satzzeichen **grenzen Satzteile deutlich ab** und heben sie so für den Leser hervor.

Funktionen des Gedankenstrichs

Gedankenstriche stehen oft da, wo in der gesprochenen Sprache eine **deutliche Pause** gemacht werden soll.

- Der Gedankenstrich zwischen Sätzen kennzeichnet einen **Gedankenwechsel** oder unterstreicht den **Gegensatz zwischen den Sätzen**.
  Beispiele: *Christoph schaute sich die Wandgemälde genau an. – Aber wo war Notos geblieben?*
  Lena sagte: „Wir wollen die Hoffnung nicht aufgeben. – Wo ist denn eigentlich mein Bruder?"
  Ich habe dich vor den Reptilienmenschen gewarnt – aber du hast es ignoriert.

- Der Gedankenstrich kann bei der **wörtlichen Rede** den **Wechsel des Sprechers** signalisieren, wenn das durch keinen Begleitsatz angezeigt wird.
  Beispiel: *„Kannst du mir meinen Kamm geben?" – „Sicher, wenn ich ihn hätte."*

- Mit dem Gedankenstrich können **eingeschobene Sätze** bzw. **Satzteile** gekennzeichnet werden; hier könnten auch Klammern stehen.
  Beispiele: *Skiron machte sich – er hatte lang genug gewartet – zum Aufstieg bereit.*
  Notos freute sich – nach den langen Stunden des Wartens – auf das Wiedersehen.

- Der Gedankenstrich kann auch **Redeabbrüche** kennzeichnen.
  Beispiele: *„Du hast doch nicht etwa –?"*
  „Ich wollte doch nicht –"

- Manchmal kündigt der Gedankenstrich auch **etwas Unerwartetes** an.
  Beispiele: *Als sie um die Ecke kam, sah sie – nichts.*
  Er machte einen Schritt vorwärts und – verschwand im Boden.

Tipp: Der Gedankenstrich **verlangsamt** das Lesen, weil er eine längere Pause fordert. So wird es dem Leser erleichtert, den Text aufzunehmen. Du solltest deswegen Gedankenstriche häufiger verwenden – der Leser kommt ein wenig „zur Ruhe".

> **Funktionen der Klammer**
>
> Die (runde) Klammer wird oft verwendet, um **eingeschobene Sätze** oder **Satzteile** zu kennzeichnen. Sie hat dann dieselbe Funktion wie Gedankenstrich oder Komma.
>
> Beispiele: Notos konnte sich auf seinen Freund Skiron (sie waren schon als Kinder unzertrennlich) blind verlassen.
> Die Avilonen (z. B. Skiron) waren mittlerweile echte Freunde der Kinder.

48 Ersetze, wo es sinnvoll ist, Kommas durch Gedankenstriche oder Klammern. An manchen Stellen kannst du Gedankenstriche auch neu einbauen.

Während der Verhandlung waren immer mehr Avilonen auf den Versammlungsplatz gekommen und hatten das Gespräch verfolgt. Als Atepomaros Kaikias schließlich umarmte, jubelten alle und gingen dann, ein Fest wollte ja vorbereitet werden, schnell zu ihren Nestern.
Christoph und Lena standen mit Dolmetscherin Dysis bei Atepomaros. Der schaute sie neugierig an und fragte: „Wie seid ihr eigentlich auf die Insel gekommen?" Christoph erzählte und sie lachten beinahe, als er berichtete, wie sie in einer ihrer Fallgruben gelandet waren. Atepomaros meinte: „Dann wärt ihr ja beinahe zu uns gekommen, hätten wir nur früher diese Fallgrube kontrolliert. Dann wäre" Er sprach nicht weiter, doch alle wussten, was er dachte.
Atepomaros hatte seine Schnauze, in Gedanken versunken, auf die Panzerplatten seiner Brust gelegt. „Ihr wollt nach Hause zu euren Eltern? Dazu braucht ihr das, was ihr ‚Boot' nennt. Wir wissen, wo solche Boote sind", sagte er. Die Kinder erstarrten. „Wir sehen vom Vulkan aus immer wieder Boote vorbeifahren." Lena und Christoph schauten sich hoffnungsvoll an. „Wenn ihr ein Schiff seht, müsst ihr uns benachrichtigen! Wir haben in unserer Rettungsinsel Signalraketen." „Wenn wir euch so helfen können, wäre ich glücklich. Sobald wir ein Schiff sehen, zünden wir ein Feuer an und ihr könnt eure Signalrakete abschießen", sagte Atepomaros und schien richtig zufrieden zu sein, etwas, als eine Art Wiedergutmachung, für die Menschenkinder tun zu können.
Körbe voller Kürbisse mit Honigwein, Christoph hatte schon einmal zu viel davon getrunken, wurden herbeigeschleppt, Musiker nahmen ihre Plätze ein und Tänzer probten ihre Schritte. Immer mehr Bewohner, auch Alte mit silbern glänzendem Gefieder, kamen zum Versammlungsplatz. …

Test 16   Setze, wo möglich, Gedankenstriche und Klammern ein.

> Du bist am Ende angelangt, am Ende des Zeichensetzungskurses. Du hast gesehen, wenn du die Übungen mit Verstand gemacht hast, dass die Zeichensetzung wesentlich zum Verständnis von Texten beiträgt. Du kannst jetzt, hoffentlich, mit einer größeren Auswahl von Satzzeichen deine Texte klarer und übersichtlicher gestalten.
> Satzzeichen haben aber auch etwas mit Gefühlen zu tun, besonders Gedankenstriche. In emotionalen Texten, z. B. in Gedichten, findet man sie häufig: Sie stehen für die sprachlich nicht ausgedrückten Gefühle.

Lösung und Auswertung findest du auf Seite 138.

Wiederholung 14   Ersetze Satzzeichen durch Strichpunkte und Doppelpunkte.

Kaikias klatschte in die Hände. Das Fest konnte beginnen. Die Musiker schlugen mit ihren Klanghölzern Akkorde, die Tänzer warteten auf ihren Einsatz. Die Musiker zogen die Geschwindigkeit an, die Tänzer bewegten sich zur Mitte des Versammlungsplatzes und tanzten immer schneller. Die Terragonen saßen wie erstarrt. So etwas hatten sie noch nie gesehen und gehört.
Als der Tanz beendet war, erhob sich Kaikias. „Wir feiern eine neue Zeit", sagte er, „alleine hätten wir dies nicht geschafft, uns wurde geholfen." Er winkte Christoph und Lena zu sich. „Für euch war es ein Unglück, für uns ist es ein Glück, dass ihr auf unsere Insel verschlagen wurdet. Ihr habt zwar kein Federkleid und könnt nicht fliegen. Das ist schade. Das Fliegen können wir euch auch nicht beibringen, aber mit dem Federkleid –" Er wurde unterbrochen von Notos, Skiron, Auxo und Karpo, die den beiden nun rote Federkronen aufsetzten und Mäntel aus Papageienfedern umhängten. In der Kugel brauste Jubel auf, alle schauten begeistert auf die Menschenkinder. Auch die Terragonen waren aufgestanden, man merkte aber, dass ihre Freude getrübt war. Sie dachten an ihre toten Gefährten.
Der Jubel verstummte, als eine Gruppe von Kindern herantrat und eine bemalte Grasmatte emporhob. Die Reptilienmenschen betrachteten das Bild gerührt. Es zeigte deren erstes Treffen mit Kaikias. Da begannen die Musiker erneut zu spielen, alle stellten sich zum Rundtanz auf. Es sollte eines der längsten Feste werden, das die Avilonen je gefeiert hatten, erst im Morgengrauen zogen sich die Letzten in ihre Nester zurück. **...**

Zusammenfassende Übungen

In den letzten Kapiteln hast du viel über die Zeichensetzung gelernt. Dabei hast du dich jeweils nur auf ein bestimmtes Thema konzentriert:

- Zeichen am Satzende (Punkt, Ausrufezeichen, Fragezeichen)
- Zeichensetzung bei der wörtlichen Rede
- Kommasetzung
- Strich- und Doppelpunkt; Gedankenstrich und Klammer

Das hatte gute Gründe, denn psychologisch gesehen ist es immer einfacher, einen Lerngegenstand erst einmal isoliert, also nur für sich, zu üben.
Nach all den vielen Übungen bist du nun aber fast schon ein **Satzzeichen-Experte** und schaffst es sicherlich, **alle Themen in einem Text gemischt** zu trainieren. Die zwei letzten Kapitel unserer Abenteuergeschichte bieten dir Gelegenheit dazu.
Bist du schon gespannt, was jetzt noch mit Lena, Christoph und ihren neuen Freunden passiert?

49 Setze alle fehlenden Satzzeichen.

Als die Sonne schon am Himmel stand wachten Christoph und Lena auf. Auxo Lenas Freundin schaute über den Nestrand. Wollt ihr den Tag durchschlafen zwitscherte sie wir warten auf dich Lena. Lena sprang auf und kletterte den Baum hinunter. Das war das Signal für Christoph auch rasch aufzustehen und hinunterzuklettern. Es herrschte schon ein geschäftiges Treiben.
Grasmatten wurden geflochten man kehrte den Platz. Christoph sah zu wie Brot gebacken wurde Zwei Avilonen hatten Feuer gemacht jetzt schoben sie die Glut beiseite machten eine Mulde legten mit Blättern umwickelten Teig hinein und schoben Kohle darüber. Christoph lief das Wasser im Mund zusammen denn das Brot besonders die Kruste schmeckte sehr gut.
Skiron und Notos kamen vorbei er winkte sie zu sich. Aus seiner Hosentasche holte Christoph eine schalenförmige Tonscherbe und das Kupferstück das er gefunden hatte. Beides legte er in die Glut und häufelte Kohle darüber. Notos hole mir bitte Lehm und mache eine schmale längliche Vertiefung hinein bat Christoph. Notos lief los um den Lehm zu holen. Mit Stecken schob der Junge nun die Kohle zur Seite und hob die Tonscherbe aus der Glut. Eine rötliche Flüssigkeit bewegte sich auf dem Boden der Scherbe. Er goss sie in die Vertiefung des Lehmklumpens die Notos gemacht hatte wartete ein bisschen drehte den Lehmklumpen um und ließ einen fingerlangen Stab fallen.
Sofort begann Christoph damit den Stab zu klopfen. Abschließend goss er Wasser darüber um ihn abzukühlen und dann reichte er das Stück Notos und Skiron. Neugierig betrachteten sie Christophs Werk und waren erstaunt dass man es biegen konnte ohne dass es zerbrach. Ein wahres Wunder ...

50 Setze alle fehlenden Satzzeichen.

In den Höhlen gibt es Kupfer aus dem ihr Gefäße Speerspitzen und Werkzeug machen könnt sagte Christoph wir haben uns in der Schule mit Metallen und ihrer Herstellung befasst. Wenn wir ein wenig herumprobieren werden wir herausfinden wie man das Kupfer am besten verarbeitet.
Kaikias lief über den Versammlungsplatz und als er die drei sah ging er hin bewunderte Christophs Kupferblech und war im Nachhinein sehr zufrieden mit der Vereinbarung die sie mit den Terragonen getroffen hatten. Christoph schnell ein Feuer brennt auf dem Vulkan hörte er auf einmal Lena rufen die in die Kugel stürzte. Christoph schaute verblüfft So schnell hatte er nicht erwartet dass die Terragonen ein Boot sichten würden. Er sprang auf und Notos und Skiron folgten ihm. Eilig rannten sie zum Meer. Äste schlugen Christoph ins Gesicht ohne dass er es wahrnahm. Er hatte nur einen Gedanken rechtzeitig die Signalraketen abschießen!
Als sie den Strand erreichten sahen sie in der Ferne ein großes weißes Schiff langsam an der Insel vorbeifahren. Sie hetzten zur Rettungsinsel und holten die roten Signalraketen aus der Kiste. Christoph riss die Kappe ab zog an der Startschnur die heraushing und schoss die Rakete so ab dass sie vor dem Bug des Schiffs herabsinken musste. In ungefähr 300 Metern Höhe entfaltete sich ein kleiner Fallschirm und die Rakete sank rot leuchtend man konnte sie wirklich sehr gut sehen herab. Christoph wartete bis die Rakete im Meer verschwunden war und schoss noch eine zweite und dritte in den Himmel. Ihm fiel ein Stein vom Herzen als er merkte dass das Schiff seine Fahrt verlangsamte. Lena mittlerweile auch am Strand angekommen schaute zum Schiff. Christoph drehte sich um sah Notos und Skiron in die Augen und merkte auf einmal dass es ihm die Kehle zuschnürte. Christoph komm wieder sagte Skiron und Karpo lief auf einmal auf ihn zu und umarmte ihn so stürmisch dass er fast umfiel. Wir müssen gehen wir dürfen nicht gesehen werden flüsterte sie sanft. Sie drehten sich um winkten noch einmal zurück und verschwanden im Dschungel.
Eine weiße Schaumspur hinter sich herziehend so näherte sich ein Beiboot in dem zwei Matrosen saßen dem Strand. Christoph und Lena winkten ihnen zu sie sprangen aus dem Boot. Lena drehte sich noch einmal um und glaubte im Grün des Dschungels einen roten Federbusch aufblitzen zu sehen. Sie schluckte und ihre Augen wurden feucht dann stieg sie mit Christoph ins Boot.

ENDE.

Lösungen

Hier kannst du die Lösungen zu allen Aufgaben der vorangegangenen Kapitel nachschlagen, also zu:
- ▶ deinem Einstiegstest
- ▶ allen Übungs- und Wiederholungsaufgaben
- ▶ den Kapitel-Abschlusstests (mit Bewertungsschlüssel).

Die meisten der Lösungen sind eindeutig, teilweise handelt es sich aber auch um Lösungsvorschläge; denn bei bestimmten Satzzeichen (wie Klammern oder dem Strichpunkt) gibt es keine festen Regeln, nur Möglichkeiten.

92 / Lösungen

Dein Einstiegstest

Da du Lena und Christoph nun einige Zeit begleiten wirst, willst du sicher wissen, wo die beiden wohnen. Sie kommen aus einem kleinen Ort in Süddeutschland. Christoph ist in Südafrika geboren, weil sein Vater dort mehrere Jahre gearbeitet hat. Wie alt werden die beiden wohl sein? Lena ist 12 Jahre alt, Christoph 14. Beide gehen also zur Schule, was sie mal gerne und mal nicht so gerne tun. Ihnen geht es wahrscheinlich so wie dir: Du hast Fächer, die dir Spaß machen, und Fächer, die du nicht magst. Lena mag Biologie, Deutsch und Englisch, Christoph Musik und Sport. Christoph spielt gerne Badminton. Er erklärt: „Das ist ein kämpferisches Spiel, bei dem ich mich richtig austoben kann, anstatt nur rumzusitzen." Ihm ist es auch schon mal gelungen, im Spiel einen Schläger zu zerbrechen. Lena liest unheimlich gerne. Da sie auch viele Hörbücher hat, die sie sich sehr oft angehört hat, kann sie manche Bücher fast auswendig nacherzählen. Christoph regt sich darüber manchmal auf. Gitarre spielen, das ist es, was er sehr gerne macht. Spielst du auch ein Instrument? Lena hat mit Blockflöte angefangen und ist dann zur Klarinette gewechselt. Sie sagt: „Am meisten macht es mir Spaß, im Musikschulorchester mitzuspielen. Mit anderen zusammen zu musizieren, das ist das Größte."

Hast du auch Geschwister? Wenn ja, weißt du sicher, wie das ist: Mal versteht man sich gut, mal streitet man sich. Einem großen Bruder macht es eben manchmal Spaß, die kleine Schwester zu ärgern. Sich heftig beschwerend, so rennt Lena manchmal zu ihren Eltern, die die kleinen Streitereien aber nicht besonders ernst nehmen.

Lösungen 93

Zeichensetzung am Satzende

1 Die Container <u>waren</u> viele Meter hoch auf dem Deck <u>gestapelt</u>. Sie <u>sahen aus</u> wie Riesenbauklötze. Christoph <u>fragte</u> den Steuermann: „<u>Können</u> die Container vom Schiff <u>herunter-fallen</u>?" Der Steuermann <u>lachte</u> kurz <u>auf</u>. „Das <u>passiert</u>. Riesenwellen <u>haben</u> in der Tat schon manchmal Container-schiffe <u>umgestürzt</u>." Lena <u>schaute</u> erschrocken. „Du <u>musst keine</u> Angst haben. Das <u>kommt</u> sehr selten <u>vor</u>." Christoph <u>zuckte</u> nur <u>mit den</u> Schultern. „Piraten <u>gefährden</u> doch Schiffe viel mehr als Riesenwellen. Besonders im Golf von Aden <u>sollen</u> viele Piraten <u>ihr Unwesen treiben</u> – und wir <u>fahren</u> durch den Golf von Aden." Kapitän Martin <u>kam</u> die Treppe <u>hoch</u> und <u>nickte</u> Christoph und Lena <u>zu</u>. **...**

2 <u>Der Kapitän</u> hatte die Worte der beiden Geschwister gehört. <u>Er</u> schüttelte den Kopf. „<u>Riesenwellen und Piraten</u> existieren, <u>das</u> ist klar. <u>Sie</u> sind aber nicht gefährlich. <u>Riesenwellen und Piraten</u> sind nämlich selten. Wenn <u>man</u> Auto fährt, denkt <u>man</u> doch auch nicht dauernd daran, dass <u>ein Unfall</u> geschehen könnte. So ist <u>das</u> auch hier auf dem Schiff. <u>Ich</u> fahre nun schon seit 27 Jahren zur See. Mir ist noch nie <u>etwas</u> passiert. <u>Ihr</u> könnt euch also beruhigt auf eurem Liegestuhl an Deck sonnen und an das warme Südafrika denken. <u>Ihr</u> seid hier so sicher wie bei euch zu Hause im Wohnzimmer." <u>Der Kapitän</u> nickte den beiden noch einmal aufmunternd zu und ging in seine Kajüte. **...**

3 <u>Lena und Christoph</u> <u>winkten</u> dem Steuermann <u>zu</u>. <u>Sie</u> <u>stiegen</u> vorsichtig die steile Treppe <u>hinunter</u>. Staunend <u>standen</u> <u>sie</u> vor den auf dem Deck ge-stapelten Containern. <u>Christoph</u> <u>zählte</u> sie: Jeweils fünf <u>hatte</u> <u>man</u> über-einandergestapelt. <u>Die beiden Geschwister</u> <u>wirkten</u> neben den Containern richtig klein. <u>Lena</u> <u>schlug vor</u>, zum Bug zu gehen. Dort <u>blies</u> <u>der Wind</u> heftig, <u>er</u> <u>zerzauste</u> ihnen die Haare und <u>trieb</u> ihnen Tränen in die Augen. <u>Möwen</u> <u>schwebten</u> über ihnen in der Luft. <u>Das Schiff</u> <u>schob</u> eine gisch-tende Bugwelle <u>vor sich her</u>. <u>Lena</u> <u>musste</u> ein bisschen <u>schlucken</u> – zwei Monate <u>würden</u> <u>sie</u> ihre Eltern nicht <u>sehen</u>. <u>Kleine Tränen</u> <u>kullerten</u> ihre Wange <u>hinab</u>, doch <u>Lena</u> <u>wollte</u> tapfer <u>sein</u>. Gut, dass <u>sie</u> nicht in die Zu-kunft <u>blicken konnte</u>, vielleicht <u>wäre</u> <u>sie</u> da richtig <u>erschrocken</u>. **...**

4 Lena atmete tief durch. Alles wird gut werden. Wir werden viel Spaß haben. In gefährlichen Situationen wird Christoph mich beschützen. Schwer klatschte der Bug des Schiffes in die Wellen. Sie waren größer geworden und dunkle Wolken waren aufgezogen. „Ich gehe unters Deck, denn ich friere", sagte Lena und zog Christoph am Arm. „Einen Moment noch, ich finde es klasse, wenn der Bug so hochgehoben wird." Feine Tropfen fielen jetzt schon. Christoph wurde widerstandslos von Lena unter Deck geführt. Sie gingen vorsichtig durch den engen Gang zu ihrer Kabine. Die Wellen schienen heftiger geworden zu sein. Sie mussten aufpassen, um nicht hinzufallen. Endlich hatten die Geschwister ihre enge Kabine erreicht. Da hatte Christoph eine Idee: „Mir ist langweilig. Wir sollten etwas Vernünftiges machen. Wir spielen das Abkürzungsspiel. Ich schreibe dir Abkürzungen und Wörter auf und du musst herausfinden, welche Abkürzung zu welchem Wort gehört. …

5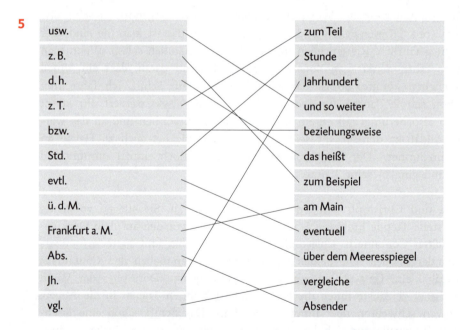

Lösungen 95

Test 1

> Ohne Punkte ist ein Text unübersichtlich, weil man Anfang und Ende der Sätze nicht schnell genug erkennen kann, sodass der Inhalt schwerer zu verstehen ist. Texte ohne Punkte sind anstrengender zu lesen, weil man selbst Anfang und Ende eines Satzes herausfinden muss. Ein Punkt ist deshalb etwas sehr Praktisches, denn er kündigt an, dass eine Sinneinheit beendet wird. Man könnte das Ende eines Satzes evtl. auch anders signalisieren, indem man z. B. bei jedem Satz eine neue Zeile anfängt. Damit würde man aber für einen Text viel mehr Platz brauchen. Bücher würden auf diese Weise viel dicker werden. Da ist der Punkt das bessere Mittel, um das Satzende zu signalisieren. Sicherlich hast du jetzt beim Test alle Punkte richtig gesetzt.

Wie hast du abgeschnitten? Trage dein Ergebnis auf Seite 3 ein.
0–1 Fehler ☺   2–3 Fehler ☺   ab 4 Fehlern ☹

---

6 „Mir reicht es! (___Ausruf___), rief Lena aufgebracht, als Christoph ihr das nächste Blatt mit Abkürzungen zuschob. „Aber dabei lernst du doch was. Und schrei mich gefälligst nicht so an! (_Aufforderung_) Hätte meine kleine Schwester nur ein wenig mehr Respekt vor mir!“ (___Wunsch___) „Dass ich nicht lache. Au! (_Empfindungswort_) Lass doch meinen Arm los!“ (___Aufforderung___) „Entschuldigung, war nicht so gemeint“, murmelte Christoph verlegen. „Weißt du, was wir machen? Wir schreiben einen Brief an die Eltern. Sie werden sich freuen, von uns zu hören.“ „Au ja, eine wunderbare Idee!“ (___Ausruf___), jubelte Lena. „Ich weiß schon den Anfang und den Schluss: *Liebe Mama, lieber Papa!* (_Briefanrede_) *… Viel Spaß bei euch zu Hause!* (___Wunsch___) *Lena und Christoph“* …

7 Huch!“, schrie Lena, als sie beinahe aus dem Bett fiel, weil das Meer immer unruhiger wurde. „Sei doch nicht so schreckhaft!“, fuhr Christoph sie an, der sich auch erschrocken hatte und deshalb heftiger reagierte, als er es eigentlich wollte[!] „Entschuldigung[!] Tut mir leid[!] Ich wollte nicht so böse reagieren[!]“ beschwichtigte er Lena, die gerade Luft holte zu einer passenden Antwort.
Beide lauschten den heftigen Schlägen, die die Wellen dem Schiff versetzten. „Hoffentlich wird der Sturm nicht stärker[!]“, seufzte Lena, „ich glaube, dass wir bei dem Geschaukel den Brief erst morgen schreiben können, wenn das Meer wieder ruhig ist[!]“ „Ich wünschte, du hättest Recht! Ich habe aber den Kapitän sagen hören, dass der Sturm morgen wohl noch

96 **Lösungen**

nicht abgeflaut sein wird**[!]**" „Mist!", rief Lena, „ich habe mir unsere Schiffs-reise anders vorgestellt**[!]** Irgendwie – sonniger und ruhiger**[!]**" ...

8 „**A**ber hallo**!** **S**chau mich an**!** **R**eiche ich dir nicht für dein Glück?", fragte Christoph. „**B**lödmann**!** **W**enn ich dich anschaue, bekomme ich Magen-schmerzen." „**S**ei nicht so frech**!** **W**enn du mich weiter beleidigst, hüpfe ich durchs Bullauge ins Meer", alberte Christoph. „**A**u ja**!** **M**ach das doch**!** **D**as wäre der Clou**.** **A**ber leider passt du nicht durch das Bullauge**.** **D**u würdest stecken bleiben und ich hätte dann dauernd deine Füße vor meiner Nase." „**S**o hat man's gern**!** **D**ie Schwester charmant und nett", stöhnte Christoph. „**J**etzt sei mal still**!** **H**örst du das?", fragte er Lena. „**W**as soll ich hören?" „**H**örst du denn nicht dieses Knirschen?" ...

Test 2

Aber hallo! Zeichensetzung sollte geübt werden**[!]** Ohne Fleiß kein Preis! Nur wer jeden Tag übt, wird erfolgreich die Zeichensetzung lernen**[!]** Die Tests helfen dir, deinen Lernerfolg festzustellen**[!]** Achte aber auf Folgendes! Auch wenn du jetzt weißt, wo du Ausrufezeichen setzen musst, solltest du nicht zu viele setzen**[!]** Denn sonst wirkt dein Text etwas unhöflich**[!]** Ein Ausrufezeichen macht nämlich einen Satz zu einem lauten Befehl**[!]** Mit Ausrufezeichen geht man sparsam um**[!]** Setze sie nur bei einem Ausruf oder einer dringlichen Auffor-derung! Es wirkt aufdringlich, wenn du viele Sätze mit Ausrufezei-chen aneinanderreihst**[!]** Punkte sind da oft geeigneter**[!]** Sie wirken un-aufdringlicher und höflicher**[!]**

Wie hast du abgeschnitten? Trage dein Ergebnis auf Seite 3 ein.
0–2 Fehler ☺   3–4 Fehler 😐   ab 5 Fehlern ☹

Lösungen 97

Wiederholung 1
Die beiden Geschwister sahen sich erschrocken an. Es war jetzt deutlich zu hören, dass der Sturm stärker geworden war. Das Schiff schoss über die Wellenkämme. Die Wellen hatten solche Kraft, dass ein deutliches Knirschen zu hören war, wenn der Bug tief in eine Welle eintauchte. Lena klammerte sich ängstlich an ihren Bruder. Der saß steif auf der Bettkante und hörte konzentriert auf das Gewirr von Geräuschen, das auf ihn einstürmte. „Wenn das nur gut geht", murmelte er. Lena sah in seinen Augen so etwas wie Angst aufblitzen. Aber nur kurz. Dann hatte er sich wieder im Griff. Er nahm seine Schwester in den Arm. „Es wird schon alles gut gehen. Für den Kapitän sind solche Stürme Alltag. Das ist sicher nicht der erste Sturm, den er erlebt. Er wird uns da schon gut durchbringen." Lena seufzte: „Hoffentlich hast du recht!" **...**

9 War der Kapitän überhaupt noch auf der Brücke $\boxed{?}$ Ja, er blickte beunruhigt auf die Wellen, die immer wieder das Schiff anhoben, um es danach in einem Wellental verschwinden zu lassen $\boxed{.}$ Wie lange würde das Schiff das aushalten $\boxed{?}$ Eine große Welle baute sich vor dem Schiff auf und wuchs und wuchs. Die Kalahari verschwand fast unter den Wassermassen, die über das Deck gischteten $\boxed{.}$ Verzweifelt rief der Kapitän ins Bordtelefon: „Wo seid ihr denn $\boxed{?}$ Warum kommt ihr nicht auf die Brücke $\boxed{?}$" In der Kajüte fragte sich Christoph, ob es noch lange so heftig stürmen würde $\boxed{.}$ Lena starrte vor sich hin. „Was hast du $\boxed{?}$", fragte Christoph $\boxed{.}$ „Kannst du mich nicht in Ruhe lassen $\boxed{!}$", schnappte sie zurück. Sie überlegte, ob es sicherer sei, in der Kabine zu bleiben $\boxed{.}$ Oder sollten sie nach oben gehen $\boxed{?}$ Dort wären sie schneller bei den Rettungsbooten. Hier unten kam sie sich wie in einer Konservendose vor. „Christoph, meinst du, es wäre sicherer, wenn wir nach oben gehen würden $\boxed{?}$" „Das überlege ich auch schon", entgegnete Christoph. Lena schüttelte den Kopf: „Warum machen wir es dann nicht $\boxed{?}$" „Ich weiß eben nicht, ob wir hier nicht sicherer sind", erwiderte ihr Bruder. „Langsam wird dir auch mulmig, nicht wahr, Christoph $\boxed{?}$" **...**

10 <u>Was</u> sollten sie tun? <u>Wo</u> war die Gefahr größer, hier unten in der Kajüte oder oben auf dem Deck? Sie wussten es nicht. Beide saßen auf dem Rand des Bettes und spürten immer wieder, wie das Schiff zitterte, wenn eine große Welle den stählernen Rumpf traf. „<u>Meinst</u> du nicht, dass wir doch aufs Deck gehen sollten, um einfach mal nachzusehen, was los ist?", fragte Lena. „O.K., gehen wir", erwiderte Christoph. <u>Was</u> würde sie an Deck erwarten? <u>Wo</u> war die Mannschaft abgeblieben? <u>Warum</u> kümmerten

98 **Lösungen**

sie sich nicht um die Passagiere? Im Gang brannte kein Licht. „<u>Kannst</u> du was sehen?", fragte Christoph.•••

Test 3

> Vielleicht hast du dich schon einmal gefragt, was man unter einer **„rhetorischen Frage"** versteht. Wenn auf eine Frage keine (informative) Antwort erwartet wird, dann nennt man sie „rhetorisch". Wozu sind rhetorische Fragen also da? Sie sprechen den Leser an und steigern seine Aufmerksamkeit. Besonders gerne stellt man sie in Reden. Was würde ein Redner wohl machen, wenn einer seiner Zuhörer ihm auf eine rhetorische Frage antworten würde? Würde er auf den Zuhörer eingehen oder würde er verwirrt reagieren? Denn als Zuhörer auf eine rhetorische Frage zu antworten, ist ausgesprochen ungewöhnlich. Wer hat sich all das bloß ausgedacht!

Wie hast du abgeschnitten? Trage dein Ergebnis auf Seite 3 ein.
0 Fehler ☺   1 Fehler ☺   ab 2 Fehlern ☹

Wiederholung 2

„Au!", fluchte Lena. Sie hatte sich den Kopf angestoßen. „Pass auf, Christoph! Stoß dich nicht an!", warnte Lena und tastete sich weiter durch den dunklen Gang. Obwohl Lena die Jüngere war, war sie manchmal mutiger als ihr großer Bruder. Vorsichtig ging sie Schritt für Schritt voran. „Geh bitte nicht so schnell! Ich bin doch keine Katze, die im Dunkeln sehen kann!", rief Christoph, der hinter seiner Schwester zurückgeblieben war. „Mach schon! Beeil dich!" Lena sah am Ende des Gangs Licht. Sie stieß ihren Bruder, der aufgeholt hatte, in die Seite. „Schau mal, Licht!" „Mensch! Ich bin doch nicht blind!", blaffte Christoph. Vorsichtig gingen die beiden Geschwister weiter. Sie mussten sich immer wieder an den Wänden abstützen, denn die Kalahari taumelte jetzt wild von einer Seite zur anderen.•••

Zeichensetzung bei der wörtlichen Rede

11 „Schau mal, da geht's zur Brücke", sagte Christoph und deutete auf die Eisentreppe, die nach oben führte. „Ob da noch einer oben ist?", fragte Lena. „Sicher, irgendwer muss doch das Schiff steuern", meinte Christoph. Sie mussten sich immer wieder festhalten, da das Schiff wie ein Betrunkener von einer Seite auf die andere wankte. Christoph stieß die Stahltür zur Brücke auf. Kapitän Martin schaute sich um, als er das Knarren der Tür hörte, und rief erleichtert: „Ich habe euch schon fast verloren gegeben!"
Sie schauten durch die großen Fenster auf das Deck. Wo vor kurzem noch mehrstöckig bunte Container standen, war nur noch das leere Deck zu sehen. Bis zur Scheibe gischteten die Wellen hoch, die der Scheibenwischer kaum wegschaufeln konnte. „Wo sind die Container geblieben?", fragte Christoph. „Sie schwimmen munter im Meer. Der Sturm hat sie vom Deck gerissen. Die Matrosen, die die Container sichern wollten, sind gleich hinterhergespült worden. Eine Welle hat sie einfach mitgenommen."
„Das ist ja furchtbar!", rief Christoph entsetzt. „Wo ist denn der Rest der Mannschaft?" „Der Maschinenraum ist noch mit vier Leuten besetzt, auf der Krankenstation sind drei und drei kümmern sich im Frachtraum darum, dass die Ladung nicht weiter verrutscht." ...

12 „Ich versuche einigermaßen den Kurs zu halten", meinte Kapitän Martin, „was aber in dem Sturm schwierig ist." Er saß müde und in sich zusammengesunken auf seinem Sessel und steuerte mit dem Joystick das große Schiff. „Ich kann vor Müdigkeit kaum mehr die Augen offen halten. Redet mit mir, damit ich nicht einschlafe!" Lena und Christoph schauten erschrocken erst auf den Kapitän und dann auf die tobende See. Sie fragten sich, ob das gut gehen konnte. „Werden wir den Sturm überstehen?", fragte Christoph vorsichtig. „Wenn er nicht stärker wird, dann ja." „Was sagt der Wetterbericht?" „Die Windstärke soll noch einmal zunehmen. Aber vielleicht ist unser Gebiet nicht betroffen."
Durch die großen Scheiben der Brücke sahen sie, wie der Bug des Schiffes immer wieder an einer Welle in die Höhe kletterte und dann gischtend in das Wellental abtauchte. „Gott sei Dank funktioniert unsere Stabilisierungsanlage gut! Sie verhindert, dass das Schiff sich zu sehr neigt und dann umkippt", meinte Kapitän Martin und rieb sich die Augen. „Was passiert denn, wenn die Stabilisierungsanlage ausfällt?", fragte Christoph ängstlich. „Dann wird es wirklich sehr gefährlich. Dann werden wir ein

100 / Lösungen

Spielball der Wellen und unser Schiff kann in eine zu große Schieflage geraten und kentern und dann – dann ist es aus", seufzte Kapitän Martin. ...

13 „Achtung, haltet euch fest!", ~~sagte~~ _schrie_ der Kapitän, „da kommt eine große Welle." Christoph und Lena klammerten sich an einer Haltestange fest. „Christoph, ich habe Angst", ~~sagte~~ _schluchzte_ Lena. Christoph strich ihr kurz über den Kopf und ~~sagte~~ _flüsterte_ : „Es wird schon werden." Das Schiff stieg und stieg in die Höhe und rauschte dann wieder in die Tiefe und sie sahen nur noch Wasser. „Geschafft!", ~~sagte~~ _seufzte_ Kapitän Martin, „ich weiß aber nicht, wie oft unser Schiff das noch aushält." Christoph und Lena hielten sich noch immer ganz verkrampft fest. „Wollt ihr euch ewig so festhalten?", ~~fragte~~ _knurrte_ Martin, „ich sage euch schon, wann es wieder so weit ist." ...

Test 4

> „Warum soll man in einer Erzählung wörtliche Rede verwenden?", fragt Benjamin seinen Lehrer. „Du sollst wörtliche Rede verwenden, weil die Erzählung dadurch lebendiger wird", erklärt Herr Müller. „Wird meine Note dann besser, wenn ich viele Dialoge in meine Erzählung einbaue?", fragt Benjamin. „Das hängt davon ab", meint sein Lehrer, „ob sie lebendig und interessant formuliert sind." „Kann ich auch eine Erzählung schreiben, die nur aus Dialogen besteht?" „Nein", antwortet Herr Müller, „denn das wäre ja keine Erzählung mehr, sondern ein kleines Theaterstück."

Wie hast du abgeschnitten? Trage dein Ergebnis auf Seite 3 ein.
0–3 Fehler ☺   4–6 Fehler 😐   ab 7 Fehler ☹

Wiederholung 3

Wann würde das endlich aufhören ? Er würde das nicht mehr lange aushalten, dachte Christoph. Spürte Lena, dass auch er Angst hatte ? Er fragte sich, warum in aller Welt sie diese Reise mit dem Schiff eigentlich machen mussten . Und wer hatte sie wohl auf diese Idee gebracht ? Natürlich er selbst. Er wollte ja nicht fliegen, sondern sich den Wind um die Nase wehen lassen. An einen Sturm hatte er dabei wirklich nicht gedacht . Wenn Lena etwas passieren würde, was wäre dann ?
„Wo sind eigentlich die Rettungsboote ?", fragte er den Kapitän. „Wir haben keine Rettungsboote, sondern Rettungsinseln. Es gibt vier, die an Deck festgezurrt sind." „Womit sind sie ausgestattet ?", wollte der Junge wissen. „Die Rettungsinseln haben an Bord Trinkwasser, Notverpflegung,

ein Messer, Tabletten gegen Seekrankheit, einen Erste-Hilfe-Koffer, Paddel, Signalpfeifen, Signalraketen und einen Treibanker." „Wir können also in einer so kleinen Rettungsinsel überleben, wenn das Schiff sinkt ?" fragte Christoph . „Warum zweifelst du ?", erwiderte Kapitän Martin, „natürlich sind sie dafür gebaut, großen Stürmen standzuhalten." ...

Kommasetzung

14 „Trinkwasser, Notverpflegung und Messer sind das Wichtigste", meinte Christoph. „Nein, ich denke, dass Signalpfeife, Signalraketen und Trinkwasser das Wichtigste sind. Wasser brauchst du zum Überleben, Signalraketen und Signalpfeife, damit du überhaupt gefunden wirst", warf Lena ein. Kapitän Martin, Lena und Christoph schauten immer wieder kritisch aufs Meer hinaus. Wind und Wellen hatten sich jetzt etwas beruhigt. Das große, breite Frachtschiff stampfte noch immer heftig in den Wellen. „Wäre es nützlich, auch ein Funkgerät, ein paar Brettspiele, Decken und eine Taschenlampe in der Rettungsinsel mitzunehmen?", fragte Lena. „Eine Taschenlampe brauchst du nicht, weil es eine elektrische Beleuchtung innen und außen gibt. Decken, Brettspiele und ein Funkgerät wären sicherlich eine gute Idee. Aber irgendwann ist die Rettungsinsel dann überladen. Menschen sollen ja eigentlich auch noch mit rein", scherzte der Kapitän. „Weder Brettspiele noch Decken bringen etwas! Hauptsache, man wird schnell gefunden!", schimpfte Christoph, den die in seinen Augen dumme Diskussion in dieser Situation ungeheuer nervte.
Sowohl der Kapitän als auch Lena schüttelten den Kopf über den unnötigen, heftigen Ausbruch Christophs. „Ich habe noch Salzstangen, Käse und ein bisschen Brot hier", sagte Kapitän Martin versöhnlich. Erst jetzt fiel Christoph und Lena auf, dass sie schon lange nicht gegessen hatten. ...

15 Der Kapitän bediente den Joystick, mit dem er das Schiff steuerte. Der Maschinentelegraf, der Radarbildschirm, der Kompass und ein altmodisches Telefon waren in seiner Nähe platziert. Christoph griff nach einem dicken, blauen Buch, das auf dem Kartentisch lag: *Handbuch Nautik – Navigation.* Das war weder eine spannende noch eine interessante Lektüre. Er schlug das Stichwortverzeichnis auf: Lenzen im schweren Wetter, Mann über Bord, Manöver des letzten Augenblicks, Manövrierunterlagen, Meeresverschmutzung, Notstopp mit

102 / Lösungen

Bugankerhilfe. Was wohl das „Manöver des letzten Augenblicks" war? Er schlug die Seite auf und las:
„Befinden sich zwei Schiffe auf Kollisionskurs, weil der Ausweichpflichtige
kein Ausweichmanöver einleitet, dann muss der Kurshalter das Manöver
des letzten Augenblicks einleiten, um die Kollision zu vermeiden oder
den Schaden zu minimieren." – „Na, ist doch logisch! Wozu brauche ich
da ein Handbuch?", dachte Christoph und legte es kopfschüttelnd wieder
zurück. **...**

16 Na gut! Jetzt ist es wenigstens ein bisschen ruhiger, dachte Christoph.
Der Kapitän hat das Schiff gut im Griff. Lena ist weniger aufgeregt. Seine
kleine Schwester war für ihre Verhältnisse wirklich ruhig, gelassen und
mutig. Entweder der Sturm hört jetzt bald auf oder er hält in diesen
Breiten noch eine lange, bittere Woche an. Weder er noch Lena hatten
Lust auf mehr Sturm. Aber er, Lena, der Kapitän und die übrig gebliebene
Besatzung würden das sicher auch schaffen. Er sah auf die schlaffe, rote
Fahne, die über dem Deck hing. Warum war es auf einmal so windstill?
Ein Atemholen des Sturms, das Ende oder nur eine kleine, wohltuende
Pause? **...**

Test 5

Eigentlich ist es ganz einfach: Entweder man setzt ein Komma, einen
Punkt, einen Strichpunkt, ein Ausrufezeichen oder ein Fragezeichen –
oder man verzichtet ganz darauf. Die alten Ägypter mit ihren Hiero-
glyphen, die Germanen mit den Runen oder die Sumerer mit der
Keilschrift hatten auch keine Satzzeichen und sind damit zurechtge-
kommen. Schüler, Eltern, Lehrer, also jeder, der schreibt, müsste sich
nicht mehr mit den manchmal etwas schwierigen deutschen Komma-
regeln auseinandersetzen. Aber andererseits machen sowohl Punkt als
auch Komma lange, komplizierte Sätze übersichtlicher, lesbarer und
damit verständlicher. Deswegen wird das Üben der Zeichensetzungs-
regeln auch immer Teil des Deutschunterrichts bleiben.

Wie hast du abgeschnitten? Trage dein Ergebnis auf Seite 3 ein.
0–1 Fehler ☺   2–3 Fehler ☺   ab 4 Fehlern ☹

**Wieder-
holung 4**

Auf einmal schrie der Kapitän: „Mein Gott, was ist das für eine Welle!"
Eine riesige graue Wand türmte sich vor ihnen auf. Christoph rief Lena zu:
„Komm zu mir, schnell!" Lena rannte zu ihm. „Was sollen wir machen?",
schrie sie. „Bleib bei mir, halte dich an mir fest!", riet ihr Christoph. „Diese
Welle schaffen wir nie. Die ist zu groß", sagte der Kapitän und versuchte
das Schiff in die richtige Position zu bringen. „Wir müssen versuchen
durchzukommen", murmelte er. Lena klammerte sich zitternd an Christoph,
der schützend den Arm um sie legte. „Hab keine Angst", beruhigte er seine
kleine Schwester, „wir schaffen das schon."
Die Welle wuchs und stürmte wie ein Wasserelefant mit Wucht auf sie
zu. „Wenn wir das überstehen, dann spende ich in der Kirche eine Kerze",
meinte der Kapitän. Das Schiff stieg am Wellenhang hoch, alle drei schauten gebannt nach draußen und auf einmal war die Welle über ihnen. Sie
sahen von allen Seiten Wasser auf sich zuschießen. Es knallte, die große
Frontscheibe brach in tausend Stücke und Wasser flutete in die Brücke.
„Hilfe!", schrie Lena, „Christoph, halte mich!" Dann wurden beide weggespült
und verschwanden in den kalten Wassermassen. **...**

17   Christoph und Lena <u>wurden</u> aus der Kommandobrücke <u>gespült</u> und <u>tauch-</u>
<u>ten</u> auf einmal im Meer <u>auf</u>. Mit der Riesenwelle <u>hatte</u> der Sturm seine
Kraft aber <u>verbraucht</u>, denn die Wucht der Wellen <u>ließ</u> schnell <u>nach</u>.
„Lena, die Rettungsinsel!", <u>rief</u> Christoph erleichtert. Die rote Insel <u>tanzte</u>
auf den Wellen, beide <u>kraulten</u> mit schnellen Zügen zu ihr hin, denn sie
<u>fürchteten</u>, dass der Wellengang wieder stärker werden könnte. Sie <u>hiel-</u>
<u>ten sich</u> an einer Außenleine der Rettungsinsel <u>fest</u>, erst <u>schob</u> Christoph
seine Schwester in die Rettungsinsel und dann <u>kletterte</u> er <u>hinterher</u>.
Erschöpft <u>fielen</u> sie auf den Boden der Insel, <u>schlossen</u> die Augen und
<u>atmeten</u> erst einmal tief <u>durch</u>. Gerettet! Sie <u>konnten</u> es nicht <u>glauben</u>, sie
<u>hatten</u> verdammtes Glück <u>gehabt</u>! Sie <u>hatten</u> sich nicht <u>verletzt</u>, sie <u>waren</u>
in den Wellen nicht <u>ertrunken</u>, irgendwer auf dem Schiff <u>hatte</u> den
Aufpump-Mechanismus der Rettungsinsel <u>ausgelöst</u>, sie <u>hatten</u> die Rettungsinsel <u>gesehen</u> und der Sturm <u>ließ</u> jetzt <u>nach</u>.
Wo <u>war</u> aber jetzt das Schiff, <u>hatte</u> die Besatzung <u>überlebt</u>, wohin <u>trieben</u>
sie mit der Rettungsinsel und wie lange <u>würden</u> sie in der Rettungsinsel
<u>bleiben müssen</u>? Diese Fragen <u>bewegten</u> sie, und die Glücksgefühle, die
sie hatten, als sie gerettet in die Insel fielen, <u>wichen</u> rasch der Furcht,
dass sie ihrem Tod möglicherweise nicht entkommen waren, sondern dass
ihr Ende nur eine Weile hinausgeschoben worden war. **...**

104 Lösungen

18 Lena griff nach einer Wasserflasche, nahm einen tüchtigen Schluck und warf einen vorsichtigen Blick nach draußen. Ihre Rettungsinsel dümpelte auf den Wellen, das Meer tat so, als ob es schon immer eine ungefährliche Badewanne für Entspannung suchende Touristen gewesen sei. „Sollten wir nicht eine Signalrakete abschießen?", fragte Lena ihren Bruder. Christoph schaute sich um. „Da ist eine, ich lese mal die Gebrauchsanweisung: ‚Rote Kappen und Sicherungsstift entfernen, Signalrakete über dem Kopf in Abfeuerrichtung nach oben halten und Abfeuermechanismus drücken, Zündung ohne Rückschlag.' Das klingt doch nicht schwierig. Wir sollten sie aber erst in der Nacht abschießen, dann wird sie besser gesehen." Christoph nahm ebenfalls einen großen Schluck und fragte: „Wie viel Wasser haben wir denn?" Lena suchte in einer Seitentasche. „Vier Flaschen. Klasse! Erst hatten wir ein Problem, weil zu viel Wasser da war, jetzt haben wir ein Problem, weil zu wenig da ist." Christoph runzelte die Stirn. „Sei nicht so pessimistisch! Wir haben den Sturm überlebt und wir schaffen auch alles andere."
Weit und breit war nichts zu sehen. Kein Schiff, keine andere Rettungsinsel. Was war wohl mit der Mannschaft geschehen? Hatte sie überlebt oder lag sie mit dem Schiff auf dem Meeresgrund? Die Sonne brannte jetzt vom Himmel, die Wellen wogten sanft und ein Vogel segelte vorbei. „Lena, ein Vogel!" „Lass ihn doch fliegen, wir haben andere Probleme." „Begreifst du denn nicht? Ein Vogel kann nicht ewig fliegen, also muss irgendwo Land sein und das ist unsere Rettung!" „Du hast Recht, aber wie sollen wir es finden?" Christoph versuchte auf das Dach der Insel zu klettern, weil er Ausschau nach Land halten wollte, er rutschte aber immer wieder ab. Lena ließ sich müde auf den Boden fallen. Christoph glitt in das Innere, nahm noch einen Schluck aus der Wasserflasche und rieb seine Stirn, die rot glänzte, da er sich einen Sonnenbrand geholt hatte.
„Lass uns schlafen, vielleicht finden wir morgen Land", meinte Christoph, der ein bisschen hoffnungslos dreinschaute. Ganz plötzlich brach die tropische Nacht herein, die Insel schaukelte träge in den Wellen, Sterne glitzerten am tiefschwarzen Himmel und eigentlich wäre es die perfekte Umgebung für einen Urlaub gewesen. **...**

19 „Huch, was ist das?", schreckte Lena hoch, die gerade die Augen aufschlug und mit einem Schrei zurückfuhr. Eine neugierige Möwe saß im Eingang der Rettungsinsel, schaute ins Innere und überlegte wohl, was es da zu fressen geben könnte. „Kannst du mich nicht etwas sanfter wecken?", grummelte Christoph, denn er war etwas plötzlich aus seinen Träumen gerissen worden. So viel Bewegung mochte die Möwe nicht, sie tippelte kurz mit ihren Füßen, breitete ihre Flügel aus, mit kräftigen Flügelschlägen hob sie sich in die Luft und bald war sie nur noch ein immer kleiner werdender Punkt am Himmel.

„Ich habe dir doch gesagt, dass wir nicht weit vom Festland sein können. Eine Möwe kann nicht ewig fliegen", jubilierte Christoph, „ich gehe mal Ausschau halten." Er kletterte auf den Rand der Rettungsinsel, hielt sich an einer Leine fest und spähte angestrengt in die Richtung, in die die Möwe verschwunden war. Lena nahm einen Schluck aus der Wasserflasche, dann hob sie sie hoch, schüttelte sie ein bisschen und presste die Lippen zusammen, weil sie daran dachte, dass das Wasser bald zu Ende gehen würde. Wie lange man leben kann, ohne etwas zu trinken? Sie schüttelte ärgerlich den Kopf, verscheuchte die schwarzen Gedanken und rief: „Siehst du was?" „Ich weiß nicht, denn die Sonne blendet und alles ist so hell. Schau doch auch mal!...

20 Lena schwang sich auf den Außenwulst. Die Sonne schien, der Himmel strahlte wolkenlos und die Oberfläche des Meeres kräuselte sich leicht. Dafür würden Touristen viel Geld hinlegen, dachte Lena. Man konnte es aber auch anders sehen: Die Sonne brannte erbarmungslos vom Himmel, keine Wolke bot Schatten und die blaue Oberfläche des Meeres erstreckte sich bis an den Horizont, ohne dass rettendes Festland zu sehen war. Oder doch?

„Christoph, schau, was ist da?" „Wo?" „Na dort, wo ich mit meinem Finger hinzeige." „Hm! Sieht aus wie Brandung und das Dunkle dahinter könnte Land sein." „Der Wind weht günstig. Sollen wir paddeln?" Christoph stieg in die Rettungsinsel und kam mit zwei Stechpaddeln heraus.

Die beiden setzten sich, begannen heftig zu paddeln, deshalb tropfte schon bald der Schweiß auf die Gummihaut der Rettungsinsel und die Schweißtropfen verdunsteten so schnell, wie sie gekommen waren. Nur unmerklich näherten sie sich dem weißen Streifen der Brandungswellen, doch sie hatten Glück, denn der Wind frischte auf, schob sie kräftig voran und eine immer stärker werdende Strömung trieb sie auf das Festland zu.

Ein riesiger, schwarzer Berg wuchs aus dem Horizont, dessen Spitze wie mit einem Messer abgeschnitten war. Der Bergfuß war dicht bewachsen, das satte Grün war ein Zeichen, dass es genügend Wasser gab. Sie konnten schon einzelne schlanke Palmen und mächtige Bäume erkennen, aber

106 / Lösungen

oben war der Berg schwarz wie die Nacht und vollkommen glatt. Bald spürten sie Freude, bald aber flatterte auch Angst wie ein schwarzer Rabe durch ihre Gedanken. „Der Berg sieht irgendwie komisch aus", flüsterte Lena, „wieso ist er so schwarz, wieso ist er so glatt, wieso hören die Bäume so plötzlich auf?" „Ich vermute mal, das ist ein Vulkan", antwortete Christoph, „und hoffentlich kein aktiver, denn dann haben wir wirklich ein Problem." ...

Test 6

Der Aufbau dieses Buches ist gut durchdacht: In jedem Kapitel werden anfangs die Regeln beschrieben, dann wird die Zeichensetzung geübt, anschließend kannst du dein Wissen mit einem Test überprüfen und am Ende wiederholst du die zuvor eingeübten Regeln.
In jedem Kapitel übst du nur eine Regel, so wird sichergestellt, dass du sie wirklich kannst, bevor du dich mit einer neuen beschäftigst. Du könntest auch viele Regeln auf einmal üben, jedoch würdest du sie dann leicht durcheinanderbringen. Die Wiederholungen sind wichtig, denn wir vergessen neu Gelerntes schnell wieder, Wiederholungen verankern Neues für lange Zeit im Gehirn. Das illustriert ein Beispiel: Mit einem Stock machst du eine Furche in den Boden, es regnet und du möchtest sie wiederfinden, aber der Regen hat sie verwischt. Je tiefer du nun die Furche machst und je öfter du mit dem Stock durchfährst, desto länger bleibt sie sichtbar. Genauso findest du problemlos in deinem Gehirn die Regeln, die du oft wiederholt hast – sie haben sich „eingegraben".

Wie hast du abgeschnitten? Trage dein Ergebnis auf Seite 3 ein.
0–1 Fehler ☺   2–3 Fehler ☺   ab 4 Fehlern ☹

Wieder-holung 5

Lena und Christoph paddelten nun rhythmisch und kraftvoll. Der Wunsch nach festem Boden unter den Füßen, die Hoffnung auf frisches Wasser aus einer sprudelnden Quelle sowie die Aussicht auf Sicherheit verdoppelten, ja verdreifachten ihre Kräfte. Der lange, weiße Saum der Brandung kam immer näher und sie wussten, dass sie mit kräftigen, schnellen Paddelschlägen eine Chance hatten, ohne Kentern durch die Brandung zu kommen. Schwarze Felsen am Strand, Büsche, Bäume und das Pflanzengewirr des grünen Dschungels waren jetzt in allen Einzelheiten zu sehen. „Rudern!", rief Christoph. „Ja meinst du, ich rühre mit dem Paddel einen Teig an? Ich rudere, rudere und rudere, dass mir die Zunge schon am Kinn klebt!"

Lena mochte ihren Bruder, aber dass er sich immer entweder als Chef oder als neunmalkluger Ratgeber aufspielen musste, ärgerte sie.

Eine Welle hob die Rettungsinsel an und warf sie schließlich auf den Strand. Mit schweren Armen, glücklich und erleichtert ließen sich die Geschwister in den warmen, weichen Sand fallen. Weder Christoph noch Lena waren einige Zeit lang in der Lage, sich zu erheben. ...

21 Christoph rappelte sich als Erster auf, Lena lag erschöpft im Sand. „Bist du O. K.?" Lena nickte und sah sich um. Nichts am Strand deutete darauf hin, dass hier je Menschen gewesen wären. Der Sandstrand, aus dem vereinzelt schwarze Felsbrocken ragten, erstreckte sich nach links und rechts, ohne dass ein Ende zu sehen war. „Sollen wir den Strand entlanggehen und sehen, ob wir Wasser und etwas Essbares finden?", fragte Christoph. „Wir können ja hier nicht Wurzeln schlagen", entgegnete seine Schwester. Eine Brise begann vom Meer her zu wehen, was die Hitze erträglicher machte. Christoph hatte sich sein T-Shirt als Turban um den Kopf geschlungen, sodass sein Kopf vor der Sonne geschützt war.

„Wo ist die Wasserflasche, aus der du vorhin getrunken hast?", fragte Christoph, weil er merkte, dass seine Lippen trocken waren. „Sie liegt leer in der Rettungsinsel." „Na, dann sollten wir wirklich bald Wasser finden", meinte Christoph. Die Geschwister versuchten immer wieder, das dichte Grün mit ihren Blicken zu durchdringen, was ihnen aber nicht gelang. Dass Leben hinter dem grünen Wall war, hörte man. Da knackte ein Ast, dort war ein Kratzen an der Rinde eines Baumes zu hören. Unermüdlich rollten die Brandungswellen heran, die ihre Füße angenehm kühlten.

„Da vorne!", rief Christoph. Lena reckte ihren Kopf, damit sie besser sehen konnte. „Da ist ein Einschnitt im Strand. Das könnte ein Bach sein." Ein Bach bedeutete Wasser und Wasser löste ihr dringendstes Problem. Und schon bald darauf standen sie tatsächlich vor einem Wasserlauf. „Schmeckt das gut!", rief Lena, als sie die ersten Schlucke getrunken hatte. ...

22 Neugierig schauten sie den Wasserlauf hoch, der hinter einer Biegung verschwand. N Wohin führte der? Im Wasser tummelten sich viele Fische, die richtig schmackhaft aussahen. N „Weißt du, wie man Fische ausnimmt?", N fragte Lena. „Da ich kein Blut sehen kann, werde ich das sicherlich nicht machen." V „Wir sprechen, wenn wir einen gefangen haben, noch mal darüber. Z Jetzt lass uns erst einmal den Flusslauf

108 Lösungen

erforschen", beruhigte Christoph seine Schwester. Sie schritten, da die Sonne schon hoch am Himmel stand, schnell voran. [Z]

Das Pflanzengewirr des Dschungels war nicht mehr so undurchdringlich und immer wieder gab es Trampelpfade, die das Dickicht durchschnitten. [N] „Guck mal, die Früchte hier, sind die essbar?", fragte Christoph, der eine gelbe, apfelsinengroße Frucht gepflückt hatte. [N] „Ich glaube schon", meinte Lena, „dass ein Vogel davon gefressen hat, habe ich nämlich genau gesehen." [V] Christoph biss vorsichtig hinein. „Schmeckt süß und gut", sagte er, während ihm der Saft vom Kinn tropfte. [N] Gierig pflückte sich Lena auch eine. Der Fluss war schmaler geworden, führte aber noch immer überraschend viel Wasser, das über die Steine schoss, die zahlreich im Flussbett lagen. [N]

Plötzlich hielt Christoph inne und untersuchte den Boden. „Schau dir das mal an!", rief er seiner Schwester zu, die zurückgefallen war, weil sie immer wieder die Pflanzen betrachtete. [N] Als Lena aufgeschlossen hatte, studierte sie sorgfältig eine Spur im Sand: [V] „Drei Zehen nach vorne, eine nach hinten. Sieht aus wie eine Vogelspur, ist aber viel zu groß – wie ein Menschenfuß!" „Wären die Zehen vorne spitzer, könnte es so etwas wie ein Strauß sein. [V] Aber ein Strauß im Dschungel?", überlegte Christoph. „Von der Form der Zehen her könnten sie eher von einem Affen stammen!"

„Ein Strauß, der mit Füßen rumläuft, die gemischt sind aus Affe und Vogel. [N] Du hast wohl zu viele Fantasyfilme gesehen!", verspottete Lena ihren Bruder.

„Fantasy ist oft näher an der Realität dran, als du denkst", [N] sagte Christoph. Wie recht er damit hatte, ahnte er jedoch nicht. [V] ...

23 „Gehen wir einfach weiter", schlug Lena vor, „vielleicht finden wir ja das Tier, **das** [R] diese Spur hinterlassen hat." Christoph nickte, **obwohl** [K] er sich eigentlich ausruhen wollte. Lena hatte Recht, **dass** [K] sie die Gegend weiter erkunden mussten. Also trottete Christoph hinter Lena her, **die** [R] anscheinend überhaupt keine Müdigkeit kannte. Der Pfad war breiter geworden, **was** [R] Christoph recht sonderbar fand. Liefen denn hier so viele Tiere entlang, **dass** [K] sie solch eine Dschungelstraße brauchten?

Immer wieder sah er im Wasser silbern glänzende Fische schwimmen, **die** [R] sicher ein gutes Abendessen abgeben würden. „Lena, lass uns zurückgehen. Wir müssen, **bevor** [K] es dunkel wird, bei der Rettungsinsel sein. Wir sollten jetzt ein paar Fische fangen, **die** [R] wir zum Abendessen braten können."

„Und wie hast du dir vorgestellt, **dass** [K] wir die Fische fangen?", fragte Lena. „Ich habe weiter unten am Fluss eine kleine Bucht gesehen, **die** [R] nur einen schmalen Zugang zum Fluss hat. **Wenn** [K] wir den Zugang absperren, können wir die Fische, **die** [R] in der Bucht schwimmen, einfach mit der Hand fangen." Schnell eilten sie den Pfad hinunter, **da** [K] sie nun schon deutlich ihren Hunger spürten.

Christophs Geschick bescherte ihnen fünf Fische, **die** [R] er, **als** [K] sie bei der Rettungsinsel angekommen waren, mit unerwarteter Fertigkeit ausnahm, **während** [K] Lena Feuerholz sammelte. Erschrocken schaute sie nach oben, **als** [K] sie plötzlich schwere Flügelschläge hörte. Den Vogel aber sah sie nicht mehr. Die Fische steckten sie auf Äste, **die** [R] sie über das Feuer hielten, und das Wasser lief ihnen im Mund zusammen, **als** [K] ihnen der Geruch von gebratenem Fisch in die Nase stieg. **...**

24 Die Nacht brach herein. Die Wellen rauschten, eine kühlende Brise wehte und Lena und Christoph legten sich müde in den Sand. „Ich schlafe gleich ein", meinte Christoph. Nach einer Weile zog es Lena vor, sich in die Rettungsinsel zu begeben, weil sie sich dort sicherer fühlte. Bald war nur noch das gleichmäßige Atmen der beiden Geschwister zu vernehmen, die sofort eingeschlummert waren. Nur der Dschungel schlief nicht.

Immer wieder war ein Zwitschern zu hören, welches mal lauter, mal leiser wurde. Dann knackte ein Ast und Blätter raschelten, als ob jemand seinen Weg durch den dichten Dschungel suchte. Christoph träumte davon, dass ein großes, weißes Schiff kommen würde, um sie zu retten, und Lena träumte gar nichts, da sie einfach viel zu erschöpft war.

Plötzlich waren am Rand des Dschungels Schatten zu sehen, die sich schnell hin und her bewegten. Als es plötzlich laut im Wald knackte, verschwanden die Schatten so schnell, wie sie gekommen waren. Wolken schoben sich vor die Sichel des Mondes, der bisher über die beiden Schlafenden gewacht hatte, und die Brandung nahm zu, weil starker Wind landeinwärts blies. Die Plastikplane, die die Eingangsluke der Rettungsinsel verschließen sollte, flatterte in der starken Brise und schlug immer wieder auf das Dach der Rettungsinsel, sodass ein sattes „Plopp" zu vernehmen war. **...**

110 Lösungen

Test 7

> Ein Aspekt, der auf Lernerfolge sehr großen Einfluss hat, ist die Motivation: Wenn du die Zeichensetzung wirklich lernen willst, musst du motiviert sein. Das heißt, dass etwas da sein muss, das dich antreibt, sie perfekt zu beherrschen. Das kann z. B. sein, dass dich bei deinem nächsten Aufsatz dein Lehrer für deine gute Zeichensetzung lobt. Deine Freude darüber, dass du in einem Test alle Satzzeichen richtig gesetzt hast, kann dich auch motivieren, sodass du weiter sorgfältig trainierst. Kannst du etwas gut, machst du es nämlich häufiger, weil dich deine Fähigkeiten erfreuen. Wenn du etwas schlecht kannst, dann hast du Misserfolge und du wirst weniger üben, weil dir die Lust vergangen ist.

Wie hast du abgeschnitten? Trage dein Ergebnis auf Seite 3 ein.
0–2 Fehler ☺   3–5 Fehler ☺   ab 6 Fehlern ☹

Wieder-holung 6

Der Wind ließ nach, die Plastikplane hing schlaff am Eingang, die Wolken hatten sich verzogen und der Mond warf sein Licht auf den Strand. Die Schatten, die unruhig hin und her liefen, waren wieder erschienen und kamen der Rettungsinsel immer näher. Auf einmal schrie Christoph. „Hast du einen Alptraum gehabt?", fragte Lena. „Etwas hat mir ins Gesicht gefasst, deshalb bin ich aufgewacht." Lena schaute in die Dunkelheit und sagte: „Ich sehe nichts, wahrscheinlich hast du das geträumt. Komm in die Rettungsinsel, wenn es dir draußen zu unheimlich ist." Christoph sah sich noch einmal um, kletterte in die Insel und verschloss die Luke. Die Sonne stand schon am Himmel, mit einem „Ratsch" wurde der Reißverschluss der Eingangsluke geöffnet und Lena blinzelte in die Sonne. Mit einem Satz sprang sie in den Sand, bückte sich und rief überrascht: „Christoph, komm!" Christophs verstrubbelter Haarschopf schob sich aus der Luke. „Was ist denn so dringend?" „Ich habe etwas entdeckt!" Christoph war noch müde, trotzdem sprang er in den Sand, besah sich aufmerksam, worauf Lena deutete, und murmelte überrascht: „Das ist doch die gleiche Spur wie gestern." Er verfolgte die Spur, die zum Dschungelrand führte, und schob die Blätter an der Stelle beiseite, wo sie verschwand. „Das ist ja interessant", hörte Lena ihn sagen, bevor er vom Grün des Dschungels verschluckt wurde. …

25 Sie eilte zu der Stelle, an ___der___ Christoph verschwunden war, schob die Blätter zur Seite und schlüpfte durch die grüne Wand. Überrascht schaute sie sich um, ___als___ sie auf einem Pfad stand, ___der___ wie ein Gang durch den Dschungel lief. Sie sah das rote T-Shirt ihres Bruders, ___das___ in der Ferne leuchtete, und beeilte sich, ihn einzuholen, ___da / weil___ es ihr alleine unheimlich war. ___Falls / Wenn___ die Pflanzen weiterhin so dicht an dicht stehen sollten, war die Gefahr groß, ihn aus den Augen zu verlieren. Wo war Christoph?

___Obwohl___ sich die beiden manchmal in den Haaren hatten, war sie doch auf ihren Bruder angewiesen, ___da / weil___ er sie beschützte und in vielen Dingen erfahrener war. Hatte er sich versteckt und wollte sie erschrecken? ___Indem___ sie anfing ein Liedchen zu pfeifen, versuchte Lena sich abzulenken. Sie ging Schritt für Schritt auf dem Pfad vorwärts, ___der___ mit abgefallenen, braunen Blättern übersät war.

Doch was war das! ___Ohne dass___ sie sich irgendwo festhalten konnte, tat sich der Boden unter ihren Füßen auf und sie fiel in die Tiefe. „Au!" Unsanft landete Lena auf dem Boden einer Grube, in ___der___ ihr Bruder in einer Ecke lag. Er hatte die Augen geschlossen. Sanft schüttelte sie ihn. „Christoph, was ist? Hallo, wach auf!" Sie sah, ___wie / dass___ seine Augenlider zuckten. Er musste sich beim Sturz den Kopf angeschlagen haben, ___sodass___ er ohnmächtig geworden war. Christoph seufzte und schlug die Augen auf. „Wo sind wir?" – „Wir sind in eine Grube gestürzt, ___die___ mit Blättern verdeckt war. Kannst du dich erinnern?" **...**

Für der, die, das könnte auch welcher, welche, welches stehen; das wirkt aber ein wenig schwerfällig.

26 Die Geschwister schauten sich in der Grube um, deren Wände fast vier Meter hoch waren. „Das ist kein natürliches Loch in der Erde", meinte Christoph, „hier sind Grabspuren an den Wänden. Wir sind nicht allein, jemand muss diese Grube ausgehoben haben." „Gott sei Dank sind wir nicht allein! Wie sollten wir aus der Grube herauskommen, gäbe es nicht Menschen, die uns heraus helfen?", rief Lena.

Sie lehnten sich an die Grubenwand und versuchten, es sich einigermaßen bequem zu machen. Immer wieder schauten sie nach oben, in der Hoffnung, jemand würde bald kommen, um sie zu retten. Träge flossen die Stunden dahin, nichts rührte sich. Nur manchmal verirrten sich Käfer zu ihnen, die brummend über ihren Köpfen kreisten und schnell wieder das Weite suchten. Bald senkte sich die Nacht über den Urwald, und in ihrer Grube wurde es dunkel. „Christoph, ich habe Angst. Was ist, wenn ein gefährliches Tier in die Grube fällt?", jammerte Lena. Christoph hatte dieselben Befürchtungen, dennoch beruhigte er seine kleine Schwester: „Kopf hoch! Wir haben so viel überstanden, dass wir auch das meistern werden."

Irgendwann schliefen sie trotz ihrer Angst ein, die Müdigkeit war stärker. Ihr Schlaf war unruhig, da durch ihre Träume immer wieder Tiger schlichen und Schlangen krochen.
Am Morgen wurden sie durch das ohrenbetäubende Gekreisch riesiger Vögel geweckt, die sich hoch oben auf den Wipfeln der Bäume niedergelassen hatten. „Hast du schon einmal so viele auf einmal gesehen?", fragte Christoph erstaunt. „Das finde ich nicht sonderbar", meinte Lena, „das kann doch mal vorkommen, wenn es essbare Früchte an den Bäumen gibt. Ich finde etwas anderes sonderbar: Fällt dir nichts auf?" Christoph schaute suchend in die Höhe. „In der Tat, das ist sonderbar. Die Vögel beobachten uns, sie schauen neugierig in unsere Grube, als ob das ihr Werk wäre. Ich habe aber noch nie Vögel gesehen, die eine Fallgrube ausheben." …

27 Plötzlich[,] spähten zwei Köpfe vorsichtig in die Grube[,] und zogen sich schnell zurück, als sie bemerkten, dass die beiden Kinder sie entdeckt hatten. „Die haben wie Indianer Federn auf dem Kopf!", rief Christoph und schaute angestrengt nach oben. Über den Rand der Grube[,] schob sich wieder ein roter Federschopf, und sie hörten ein Zwitschern, das ihnen bekannt vorkam. Der Kopf zog sich zurück und auf einmal[,] fiel eine Strickleiter, die aus Lianen geflochten war, zu ihnen herab. Als sie wieder auf dem Pfad standen, wussten sie nicht, ob sie sich fürchten oder wundern sollten. Sie konnten ihren Blick nicht von ihren Rettern abwenden: Die hatten tatsächlich[,] einen prächtigen Kopfputz aus roten Federn, nur waren es keine Federn von Papageien, sondern ihre eigenen! Große Augen mit einer gelben Iris[,] betrachteten Christoph und Lena aufmerksam. Ihr Gesicht war mit einem zarten, gelben Flaum überzogen, aus dem eine kleine Stupsnase ragte. Darunter saß ein Mund mit schmalen, schwarzen Lippen. Ihr Körper war gebaut[,] wie der eines Menschen, nur völlig mit gelben Federn überzogen, die mit schwarzen Punkten gesprenkelt waren. Christoph dachte, dass das nicht gerade[,] eine Tarnkleidung für den Urwald war, dafür aber sehr hübsch anzusehen. Die Hände, die mit einer schwarzen, leicht[,] runzeligen Haut bedeckt waren, hatten vier Finger, von denen einer gegenläufig zu den anderen stand, sodass sie greifen konnten[,] wie Menschen. Interessiert musterte der Junge ihre Füße. Das war

also des Rätsels Lösung: drei menschliche Zehen nach vorne, eine Vogelzehe nach hinten!

Die beiden Vogelmenschen[,] begannen miteinander zu zwitschern, es klang
wie eine ziemlich[,] komplizierte Sprache. Nachdem sie sich anscheinend
geeinigt hatten, winkten sie Christoph und Lena zu, ihnen zu folgen. Die
Vogelmenschen liefen so flink[,] durch den Urwald, dass sie Mühe hatten,
hinterherzukommen. Immer tiefer ging es in den Urwald hinein, bis sie
vor einer riesigen, grünen Kugel standen, die aus Dornenzweigen[,] und
Lianen gewebt war[,] und vollkommen undurchdringlich schien.

Eine Tür klappte auf, durch die sie hineinschlüpfen konnten. Es zwitscherte[,] und zirpte von allen Seiten. Obwohl sie bis jetzt schon einiges
erlebt hatten, standen sie nur da[,] und bestaunten, was sie sahen. **...**

Test 8

> Es ist nicht ganz leicht, die Kommasetzung zu lernen. Du brauchst
> etwas Geduld, bis du sie beherrschst. Die richtige Kommasetzung ist
> besonders wichtig, wenn du lange Satzgefüge formulierst, da die Kom-
> mas dem Leser signalisieren, in welche Sinnabschnitte dein Satzge-
> füge unterteilt ist. Der Satz wird also gewissermaßen in kleine, leicht
> erfassbare Abschnitte gegliedert, sodass er leichter zu verstehen ist.
> Das Ganze hat auch etwas mit unserem Gehirn zu tun, das alles in
> 3-Sekunden-Takten wahrnimmt. Wenn ein Text gut formuliert
> ist, dauern die einzelnen Abschnitte nicht länger als drei Sekunden,
> so lang wie eine Verszeile im Gedicht. Die Satzzeichen signalisieren
> diese Taktung, denn durch die sinnvolle Gliederung des Satzes wird
> dafür gesorgt, dass der Leser sich den Inhalt besser merken kann.
> Willst du einen verständlichen Text verfassen, setze die Kommas
> also an der richtigen Stelle!

Wie hast du abgeschnitten? Trage dein Ergebnis auf Seite 3 ein.

0–1 Fehler ☺   2–3 Fehler ☺   ab 4 Fehlern ☹

28 Große Bäume mit weiten Kronen, die waren mit Brücken aus Lianen und hölzernen Hängebrücken miteinander verbunden, standen in der Kugel. Ihre Äste waren so dick, dass man konnte bequem auf ihnen laufen. In die Astgabeln waren Riesennester gebaut. Darin sahen Christoph und Lena auch Vogelkinder, die sich neugierig über den Nestrand lehnten. Sie hatten noch keinen farbenprächtigen Federschmuck, dafür waren sie mit weißen, feinen Federn bedeckt. Die Geschwister wurden in ein solches Nest gebeten, in dem saß ein Vogelmensch, der größer und kräftiger war als die anderen. Er trug einen weit ausladenden und prächtigen Federschopf. Die beiden Vogelmenschen begannen auf ihn einzuzwitschern.
Immer wieder sahen Lena und Christoph ihn nicken, während er musterte sie aufmerksam. Hatte er anfangs noch sehr streng geschaut, so wurde seine Miene freundlicher, je länger er dem Bericht zuhörte. Als die beiden Vogelmenschen aufhörten zu zwitschern, schaute er eine Weile zu Boden und piepste etwas zu ihnen. Sie wandten sich daraufhin zu Lena und Christoph und bedeuteten ihnen mit einem Wink, dass sie mit ihnen gehen sollten. Sie wurden in ein Nest geführt, das hing in einer Astgabel. Sie kletterten hinein und waren erstaunt, wie weich es ausgepolstert war.
Als sie hörten über sich ein Rascheln, blickten sie nach oben und sahen einen Vogelmenschen mit einem Korb am Nestrand stehen. Leichtfüßig kletterte er in das Nest, stellte den Korb ab und deutete auf ihn. Lena erkannte darin die apfelsinengroße Frucht wieder, die hatte sie schon gegessen, und Nüsse kugelten herum. Christoph wälzte sich aus der Hängematte, in der wäre er beinahe eingeschlafen, und griff sich eine Frucht. „Schmeckt toll", mampfte er mit vollen Backen. Friedlich saßen die beiden auf dem weichen Boden des Nestes und ließen es sich gut gehen. „Ein Schluck zu trinken wäre nicht schlecht", meinte Christoph und schon, als ob es wäre Gedankenübertragung gewesen,
tauchte ein Vogelmensch mit einem Tongefäß auf,
aus dem goss er ihnen eine grüne Flüssigkeit
in hölzerne Becher. Sie schmeckte süß und erinnerte an Kirschsaft. Der Vogelmensch sah ihnen zu
und lächelte still. ...

29 „Das Essen hier ist nicht schlechter als zu Hause", feixte Christoph, „hier können wir bleiben." Inzwischen war ein Vogelmensch, von den Geschwistern unbemerkt, am Rand des Nestes erschienen und betrachtete sie interessiert. Er hatte zwei graue Decken über seinem Flügel hängen und zwitscherte leise, sodass sich Lena und Christoph überrascht umdrehten. Er streckte sie ihnen entgegen und deutete auf zwei Hängematten. Beiden war klar, dass das ihre Schlafdecken sein sollten, und sie lächelten freundlich und nickten. Der Vogelmensch zog sich wieder zurück und die Kinder sahen, wie dämmrig es inzwischen geworden war. Da bemerkten sie auch, dass sie müder waren, als sie gedacht hatten. Bald lagen sie in ihren Hängematten, und es dauerte nur ein paar Minuten, bis sie wie die Murmeltiere schliefen.

Mitten in der Nacht schreckten sie hoch, als sie ein heftiges Zwitschern und Flügelschlagen vernahmen, das von einem widerlichen Grunzen unterbrochen wurde. Ein qualvoller Schrei gellte durch das Dunkel und brach auf einmal ab. Dann war es still. Verstört zogen Lena und Christoph die Decken bis zu den Ohren und konnten nicht mehr einschlafen, weil sie fieberhaft überlegten, was diese Geräusche wohl zu bedeuten hätten. ...

30 Als es dämmerte, sprangen Lena und Christoph aus den Hängematten und blickten vorsichtig über den Nestrand. In der Kugel rührte sich nichts. Schließlich kletterten sie aus dem Nest und sahen, dass der Boden unter ihrem Baum völlig zerwühlt war. Lena deutete auf einen Vogelmenschen, der aus seinem Nest blickte. Mit müden Bewegungen ließ er sich zu den beiden hinuntergleiten. Lena und Christoph sahen ihn neugierig an. Es schien fast, als ob er geweint hätte. Was war aber das? Sie hörten eine Stimme, sahen aber niemanden, der sprach. „Habt keine Angst. Ich bin es, der vor euch steht." Beide starrten den Vogelmenschen erstaunt an. In ihrem Kopf hörten sie es tönen:

„Ich kann eure Gedanken lesen und euch meine Gedanken schicken, wenn ich nahe genug bei euch stehe. Ihr fragt euch, wo die anderen Vogelmenschen sind und was heute Nacht geschehen ist. Wir sind in unseren Nestern, weil wir um eines unserer Kinder trauern. Es wurde entführt! Sie überfallen uns immer wieder und nehmen unsere Kinder mit. Wir können uns nicht wehren, da sie viel stärker sind als wir." Christoph fragte, wer das Kind denn entführt habe. Wieder hörten die beiden die schluchzende Stimme in ihren Köpfen: „Die Reptilienmenschen, die Terragonen. Der erloschene Vulkan ist von unzähligen Gängen durchzogen, die große Höhlen verbinden. Dort wohnen sie. Noch nie ist ein geraubtes Kind wieder zurückgekehrt." Lena und Christoph starrten sich entgeistert an.

Inzwischen hatten sich die Vogelmenschen versammelt. Sie bildeten acht Kreise, die sich gegenläufig zueinander bewegten. Ein Meer von roten

116 **Lösungen**

Federschöpfen wogte auf und ab. Erst war nur ein leises Summen wie in einem Bienenstock zu hören, das aber anschwoll und die ganze Kugel erfüllte. Sie drehten sich nach außen, hoben ihre Flügel, stießen einen klagenden Schrei aus, knieten nieder und drückten ihre Stirn auf den Boden. Als die Zeremonie beendet war, zogen sich alle wieder in ihre Nester zurück, nur der größte Vogelmensch stand noch auf dem Platz. Als Anführer hob er seinen mächtigen Kopf und sah zu den Geschwistern hinüber. Mit einem Wink befahl er sie zu sich. **...**

31 Lena und Christoph näherten sich ihm mit leichtem Bauchkribbeln, da er sehr ehrfurchtgebietend aussah. Als sie ihm nahe genug waren, hörten sie seine Stimme in ihren Köpfen: „Ich heiße Kaikias. Ich bin der Häuptling der Avilonen. Ihr habt gehört, dass wieder ein Kind entführt wurde und dass wir uns nicht dagegen wehren können." „Warum kämpft ihr dann nicht?", fragte Christoph nach. „Die Terragonen sind stärker als wir. Sie haben scharfe Zähne und Klauen mit Krallen, denen wir nichts entgegenzusetzen haben. Unsere Speere sind zu schwach, als dass sie ihren harten Panzer durchdringen könnten."

Christoph betrachtete den Speer, auf den sich der Avilone stützte, und überlegte. Er war ungefähr zwei Meter lang und hatte eine Spitze aus Holz. „Ich habe eine Idee", sagte der Junge vielsagend. „Gebt mir zwei Begleiter, damit ich mit ihnen etwas suchen kann, das eure Speere stärker macht." Kaikias schüttelte den Kopf: „Diese Speere hatten schon unsere Vorväter und sie haben uns stets gute Dienste geleistet." „Gute Dienste?", murmelte Christoph. Kaikias betrachtete ihn skeptisch und auch Lena warf ihrem Bruder einen fragenden Blick zu. „Ich habe im Geschichtsunterricht gut aufgepasst", lachte er triumphierend.

Zwei Avilonen mit Holzspeeren in den Händen waren zu ihnen getreten. Kaikias entschied: „Skiron und Notos werden dich begleiten." Die schauten Christoph erwartungsvoll an, als er um Wasser und Früchte bat, weil er erst dann zurückkommen wollte, wenn er gefunden hatte, was er benötigte. Sein Wunsch wurde erfüllt, weil die Lage so ernst war, und schließlich machten sich die drei auf den Weg.

Inzwischen war wieder Leben in die Kugel gekommen. Gruppen von Avilonen kehrten mit Früchten aus dem Urwald zurück, die in Vorratsnestern gelagert wurden. In Holzgefäßen schleppten sie Wasser vom Fluss her, das in ausgekleidete Erdlöcher gegossen wurde. Lena, die ihren Bruder, Skiron und Notos nicht begleitete, sah ein paar Vogelmenschen zusammensitzen, die aus Schilfgras Körbe flochten. Drei Kinder schlugen heftig mit ihren

Flügeln, ohne dass sie sich nur einen Zentimeter vom Boden erhoben. Aus einer Ecke hörte Lena sanfte Melodien erklingen, die sich so anhörten, als ob jemand Xylophon spielen würde. Müde und von der Musik in den Schlaf gewiegt, schlief sie schließlich ein…

32 Von einem Zwitschern wachte Lena auf. Drei Vogelmädchen winkten ihr zu, mit ihnen zu kommen. Lena lief zu ihnen. Sie verließen die Kugel und folgten einem Pfad, _der_ sie zum Fluss führte. Mit fröhlichem Zwitschern sprangen die Vogelmädchen in den Fluss und schüttelten dann ihr Gefieder, _(so)dass_ die Tropfen nur so spritzten. Auch Lena genoss das Wasser, _das_ ganz klar war, und für einen Moment vergaß sie all ihre Sorgen.
In der Ferne war Christoph mit Skiron und Notos zu sehen, _die_ Speere auf ihren Schultern trugen. Schnell waren sie zum Badeplatz gekommen. Lena sah, _dass_ Christoph stolz und zufrieden war. Er zeigte Lena, _was_ ihm gelungen war: Er hatte Feuersteine gefunden und sie zu scharfen Spitzen geschlagen, _die_ er mit Baumharz und Hanfschnüren an den Speeren befestigt hatte. Er zeigte ihr auch eine Speerschleuder, mit _der_ man den Speer mit großer Wucht schleudern konnte. Sie bestand aus einem Stock mit einem Haken am Ende, _der_ in eine kleine Aushöhlung am Speerende eingesetzt wurde. Die Schleuder wirkte wie ein Hebel, _indem_ sie die Geschwindigkeit des Speeres extrem steigerte. „Damit können wir den Panzer der Terragonen durchbohren!", rief er triumphierend. Lena schaute ihn ein wenig erschrocken an, _da/weil_ sie ihren Bruder so kriegerisch noch nie erlebt hatte.
„Zurück zur Wohnkugel!", rief Christoph und alle folgten ihm, _als_ er zügig voranschritt. Dort angekommen, wurden sie von den Avilonen umringt, _die_ die neuen Speere begutachteten. Christoph nahm einen Speer und die Schleuder, holte aus, und mit einem Zischen fuhr der Speer durch die Wand der Wohnkugel, _als ob_ sie aus Pudding wäre. Die Avilonen fingen aufgeregt zu zwitschern an und deuteten auf das Loch, _das_ der Speer in die Wand gebohrt hatte. Kaikias hob die Schleuder hoch und stieß einen schrillen Schrei aus, _wobei_ er aufgeregt von einem Bein auf das andere hüpfte. Er wandte sich Christoph zu und jubilierte: „Heute Abend wird gefeiert!"…

Für *der*, *die*, *das* könnte auch *welcher*, *welche*, *welches* stehen; das wirkt aber ein wenig schwerfällig.

33 Als der Abend anbrach, wurden geflochtene Körbe aufgehängt, in denen Glühwürmchen leuchteten. Musiker spielten Melodien, die sehr zart und fröhlich waren, und Früchte wurden gereicht. Lena saß mit Thallo, Auxo und Karpo zusammen, den drei Vogelmädchen, mit denen sie gebadet hatte. Christoph saß neben Kaikias und schaute neidisch zu seiner Schwester hinüber, die sich gut unterhielt. Es war eine Ehre, neben Kaikias zu sitzen, aber leider auch ziemlich langweilig. Denn er schaute die meiste Zeit nur würdig und sprach wenig.

Christoph war der eigentliche Held des Abends, der große Erfinder, der eine Wunderwaffe geschaffen hatte, die vielleicht auch den Panzer der Terragonen durchbohren konnte. Das jedenfalls glaubten die Avilonen, während Christoph sich nicht sicher war. Wenn der Panzer zu dick war, würden auch die Feuersteinspitze und die Speerschleuder nichts helfen. Er wurde müde und fragte Kaikias, ob es unhöflich wäre, wenn er schlafen ginge. Kaikias schüttelte nur lächelnd den Kopf. In dieser Nacht träumte der Junge von Speeren, vom Kampf und vom Sieg.

Woher kam dieses aufgeregte Zwitschern? Christoph fasste nach Lenas Hängematte – sie war leer! Er hörte ein Grunzen und Schnauben und ein heftiges Scharren von Füßen und dann auf einmal Lenas Schrei: „Christoph, hilf mir!" Obwohl er kaum etwas sehen konnte, kletterte Christoph den Baum hinunter, sprang auf den Boden und sah Schatten sich hin und her bewegen. Fauliger Gestank ließ ihn den Atem anhalten. Er hörte heftiges Geraschel und Getrampel, das schließlich leiser wurde, und dann war es still. Vergeblich versuchte er, in der Dunkelheit etwas zu erkennen. Da hörte er ein leises Schluchzen und Zwitschern. Vorsichtig lief er in die Richtung der Geräusche, als ein Korb mit Glühwürmchen Licht in die Dunkelheit brachte. Christoph erblickte Auxo, Thallo und Notos, der einen Speer trug und wütend in die Runde blickte.

Wo war Lena? Christoph schossen Tränen in die Augen, als er erkannte, was das bedeutete: Seine Schwester war von Terragonen entführt worden! Auxo seufzte, dass man leider nichts tun könne und es noch nie gelungen sei, einen Entführten zu retten. Christoph schüttelte energisch den Kopf. Er war nicht bereit, Lena verloren zu geben! Koste es, was es wolle. ...

Lösungen 119

Test 9

> Die meisten Kommafehler werden bei Satzgefügen gemacht, da man erkennen muss, wo ein Nebensatz anfängt bzw. aufhört. Wenn du aber die Übungen, in denen du Konjunktionen oder das Verb des Nebensatzes markieren solltest, gewissenhaft gemacht hast, dann sollte es dir nicht mehr passieren, dass du das Komma bei Nebensätzen vergisst.
>
> Vor eine Konjunktion, die einen Nebensatz einleitet, musst du ein Komma setzen. Nach dem Verb, das am Ende des Nebensatzes steht, setzt du ein Komma, wenn noch ein Hauptsatz folgt, und schon ist alles richtig. Eigentlich ganz einfach, oder?

Wie hast du abgeschnitten? Trage dein Ergebnis auf Seite 3 ein.

0–2 Fehler ☺   3–4 Fehler ☺   ab 5 Fehlern ☹

Wiederholung 7

Christoph war müde, trotzdem wollte er nicht aufgeben, denn er war für seine Schwester verantwortlich. Er schaute Skiron und Notos an. Würden sie mit ihm gegen die Reptilienmenschen kämpfen, würden sie genügend Mitstreiter haben? Der Junge war verzweifelt. Die Eltern waren tausende Kilometer entfernt, er war alleine auf einer Insel, seine Schwester war gefangen und keiner sagte ihm, wie man die Insel verlassen konnte.

Bei diesen trüben Gedanken hatte er Skiron und Notos ganz vergessen. Sie schauten ihn besorgt an. In seinem Kopf hörte er sie sprechen: „Wir helfen dir, wir können die Reptilienmenschen besiegen, denn wir haben deine neue Waffe. Vielleicht finden wir auch unsere entführten Kinder wieder!"

Christoph wurde klar, dass Skiron und Notos echte Freunde waren, denn sie würden ihm helfen, auch wenn es gefährlich war. Er dachte an Lena, die sicherlich auf seine Hilfe hoffte. Der Junge ballte die Fäuste, presste die Lippen aufeinander und schüttelte den Kopf. Die Terragonen hatten einen großen Fehler gemacht, sie hatten seine Schwester entführt und er würde diese Scheusale ein für alle Mal unschädlich machen!

Dann gab er sich einen Ruck, stand auf und schaute Skiron und Notos herausfordernd an. Die Sonne tastete sich über den Horizont und vertrieb die Dunkelheit der Nacht. Die drei standen im Nest, sie schauten sich in die Augen und reichten sich die Hände, als die Sonne in ihrer Pracht am Morgenhimmel stand. **...**

120 | Lösungen

34 Ohne sich zu Christoph umzudrehen, zogen Skiron und Notos los, um den Bau der Speere und Speerschleudern zu organisieren, die sie brauchen würden, um gegen die Reptilienmenschen zu kämpfen. Christoph konnte nichts anderes tun, als zu warten. Er ließ seinen Blick schweifen, um herauszufinden, wo Skiron und Notos arbeiteten. Sie saßen am Rand der Kugel, wo sie damit beschäftigt waren, mit Steinmessern die Schäfte der Speere glatt zu schaben und die steinernen Speerspitzen zu befestigen. Andere schnitzten die Speerschleudern zurecht.

Plötzlich hatte Christoph eine Idee. Er sah sich um, um herauszufinden, wo Thallo, Auxo und Karpo steckten. Karpo schlenderte gerade über den großen Platz. Eilig lief er zu ihr, um ihr von seiner Idee zu berichten. Sie nickte bereitwillig, als er ihr sagte, was sie machen solle, und, ohne sich weiter um ihn zu kümmern, rannte sie davon.

Christoph zuckte zusammen, als sich eine Hand auf seine Schulter legte. Kaikias war von hinten gekommen und blickte ihn lächelnd an. „Ich freue mich sehr, alle so konzentriert arbeiten zu sehen", klang Kaikias' Stimme in Christophs Kopf, „und ich bin sicher, dass es uns gelingen wird, deine Schwester zu finden. Und vielleicht schaffen wir es auch, unsere Kinder zu retten." Da verdüsterte sich sein Blick und Christoph hörte ihn leise hinzufügen: „Wenn sie noch am Leben sind." **...**

35 Dies alles sagte Kaikias, ohne die Lippen zu bewegen. Schließlich wandte er sich um und ging zum Rand der Kugel, um den Fortschritt der Arbeit zu überprüfen. Aufmerksam ging er von einem zum anderen und nickte zufrieden, als er sah, wie schnell es ihnen gelang, die Speere und Speerschleudern herzustellen. Er nahm einen neuen Speer und eine Speerschleuder und, ohne lange zu zögern, probierte er sie aus. Der Speer zischte durch die Luft und blieb mit einem leichten Nachzittern in einem Baum stecken. Kaikias suchte Christophs Blick, um ihm sehr anerkennend zuzunicken.

Es stimmte Christoph zuversichtlich, dass alle so fleißig arbeiteten, es machte ihm aber auch Angst, wenn er an die Gefahren dachte, die ihnen bevorstanden. Er war bereit, sich für seine Schwester einzusetzen. War er aber auch fähig, mit den Terragonen zu kämpfen? Er war doch nur ein Junge, der bis vor kurzem leidlich zufrieden in die Schule ging, um sich mit den Schlachten des Dreißigjährigen Krieges zu beschäftigen oder den

Knochenbau der Zauneidechse zu analysieren. Und jetzt war es seine dringendste Aufgabe, Speere zwischen die Rippen hässlicher Riesenechsen zu jagen! Gleichzeitig sollte er eine Schar von piepsenden Vogelmenschen in den Kampf führen, die in ihm eine Art Anführer sahen und ihm vertrauten.

Christoph musste lachen – wenn das alles hier sein Sportlehrer sehen könnte! „Junge, nicht so vorsichtig auf den Bock zulaufen! Du musst mutiger Anlauf nehmen, um den Sprung zu schaffen!" Oder Frau Zulkowski mit ihrem Vivarium: „Fasst die Eidechse vorsichtig hinter dem Kopf, ihre kleinen Zähne können euch nichts tun." Man wächst ja mit seinen Aufgaben, schmunzelte Christoph. Der Sprung von der Zauneidechse zu den Reptilienmenschen war aber doch recht gewaltig. ...

36 a) ... Wir hoffen(,) damit die Terragonen besiegen zu können."
b) Der stand auf, um von allen gesehen werden zu können.
c) ... Bereitet euch darauf vor, im Morgengrauen aufzubrechen."
d) „Wir haben gute Chancen, den Kampf zu gewinnen",
e) Wir brauchen aber Glück, um erfolgreich zu sein.
f) ... Ich habe Angst, euch in den Tod zu führen."
g) Wir haben den Vorteil, Speere zu haben und sie aus der Ferne treffen zu können.
h) ... Sie glauben(,) in Sicherheit zu sein."

37 Christoph rieb sich die Augen, um den Schlaf zu verscheuchen. Es dämmerte und noch war niemand zu sehen. Mit einem Holzkamm, den er sich geschnitzt hatte, kämmte er seine Haare. Die waren mittlerweile recht lang geworden, sodass er sie zu einem Pferdeschwanz binden musste, um zu vermeiden, dass sie ihm ins Gesicht hingen. Bald hatten sich alle auf dem Versammlungsplatz zusammengefunden. Als Karpo Christoph erblickte, gab sie ihm ein Zeichen, zu ihr zu kommen. Karpo, Thallo und Auxo hatten Christophs Idee in die Tat umgesetzt und die ganze Nacht gearbeitet, um rechtzeitig fertig zu werden. Für Christoph hatten sie einen Tragesitz aus Rindenfaserstoff genäht, in dem er sich, gehalten von zwei Avilonen, im Flug transportieren lassen konnte. Sie hatten auch Tragesäcke für die Speere angefertigt, aus denen sich die Krieger im Kampf schneller bedienen konnten. Das war besser, als für jeden Wurf umständlich einen neuen Speer zu suchen.

Jedem der muskulösen Krieger waren zwei Speerträger zugeordnet. Mit ihnen wurde jeder Krieger zu einer Art Maschinengewehr, so schnell konnte er seine Speere den Terragonen entgegenschleudern – wenn seine Muskeln es aushielten, so belastet zu werden. Er sah über hundert Krieger sich bereit machen, hinter denen schon die Speerträger standen. Eine andere Gruppe trug Säcke mit Pechfackeln bei sich mit dem Ziel, in den Höhlen etwas sehen zu können. Kaikias war in die Mitte des Versammlungsplatzes getreten und deutete nach oben. Christoph staunte, dass an der Oberseite der Kugel mithilfe von Seilen ein riesiger Deckel abgehoben worden war. Alle waren nun dazu bereit, in den Kampf zu ziehen.

Ohne sich von den Aufbruchsvorbereitungen stören zu lassen, kam Karpo, strich Christoph über das Haar und flüsterte: „Pass auf dich auf!" Mit mächtigen Flügelschlägen hoben sie sich in die Luft und Christoph kletterte in seinen Sitz. Karpo, Thalo und Auxo reckten ihre Hälse, um den Aufbruch besser sehen zu können, und Karpo winkte Christoph besonders lange nach.

Christoph merkte, dass sie dabei waren, Höhe zu gewinnen. Die Öffnung kam immer näher und plötzlich sah er das Grün des Dschungels im dämmrigen Dunkel unter sich liegen. Ein Avilone nach dem anderen schoss durch die Öffnung in den dämmernden Morgenhimmel. Das bleigraue Meer hinter sich und den schwarz glänzenden Vulkankegel vor sich zu sehen, das war wahrhaftig bewegend! ...

38 Es war ganz bequem, von den Avilonen durch die Luft transportiert zu werden. Nur wenn Christoph auf das Grün des Dschungels schaute, klammerte er sich fester an die Tragebänder, um nicht hinunterzufallen. Der Schwarm senkte sich langsam und landete am Berghang unterhalb des Kraterrandes, ohne von den Terragonen bemerkt zu werden. Alle schlugen sacht mit ihren Flügeln, um das verräterische Rauschen ihrer Flügelschläge zu verringern. Christoph, Skiron und Notos schoben mit der Absicht, die Lage zu erkunden, vorsichtig ihre Köpfe über den Kraterrand.

Kein Terragone war zu sehen. Im Krater lag ein türkisblauer See, von dem ein ausgetretener Pfad zu einem Höhleneingang führte. Links und rechts sahen sie ausgebleichte Tiergerippe. „Sie benutzen den See, um sich mit Wasser zu versorgen", dachte Christoph, und Notos und Skiron nickten zustimmend. Zum Kraterrand schlängelte sich ein breiter Pfad hoch, der an der Außenseite des Vulkans in Serpentinen im Dschungel verschwand. „Auf diesem Pfad haben sie sicher auch Lena und die Kinder der Avilonen hochgeschleppt", seufzte Christoph.

Sie suchten nach weiteren Höhleneingängen. Der große Eingang schien aber der einzige zu sein. Möglicherweise gab es noch verborgene Zugänge, um in die Höhlen zu gelangen, überlegte Christoph. Aber Notos und Skiron schüttelten ihre Köpfe: Die Terragonen hatten bisher sicherlich anderes zu tun, als an weitere Ausgänge zu denken. Wer hätte es denn bisher gewagt, ihnen nahe zu kommen oder gar in den Vulkankrater zu steigen?

Die Terragonen fühlten sich sicher, anstatt mit einem Angriff zu rechnen. Da sie überrascht wurden, würden sie nicht genügend Zeit dafür haben, ihre Abwehr zu organisieren. Sie würden sich zwar nicht ergeben, ohne sich zu wehren. Die Überraschung war aber entscheidend, um den Kampf kurz zu halten, dachte Christoph; sie müssten unbedingt darauf achten, nicht vorzeitig entdeckt zu werden.

Er schaute sich noch einmal genau das Gelände an. Ja, sie müssten es vermeiden, vom Höhleneingang her gesehen zu werden. „Könnt ihr im Gleitflug, ohne mit den Flügeln zu schlagen, den Hang hinab zum Höhleneingang segeln?", fragte er Skiron und Notos. Die nickten und sofort erhoben sich alle drei und gingen zu den anderen. **...**

Test 10

> Um etwas langfristig zu lernen, musst du es regelmäßig wiederholen. Die Wiederholungen in diesem Buch sind dazu gedacht, dir dafür eine Hilfe zu geben. Du könntest dir aber auch, anstatt vom Buch angeleitet zu werden, selbstständig alte Aufgaben heraussuchen, um sie noch einmal zu machen. Dabei wäre es sinnvoll, deine früheren Ergebnisse mit den jetzigen zu vergleichen. Denke daran, die Aufgabenübersicht am Anfang des Buches immer wieder zu verwenden, um deine Ergebnisse einzutragen. Du wirst sehen, dass stetes Üben dabei hilft, deine Ergebnisse zu verbessern. Und gute Ergebnisse zu erzielen, hoffen wir doch alle.

Wie hast du abgeschnitten? Trage dein Ergebnis auf Seite 3 ein.

0–1 Fehler ☺   2–3 Fehler ☺   ab 4 Fehlern ☹

Wieder-holung 8

Einer nach dem anderen stieg zum Kraterrand und schwebte dem Höhleneingang entgegen. Noch immer war nichts von den Terragonen zu sehen. Die Avilonen, die direkt über dem Höhleneingang standen, legten sich auf einmal flach auf den Boden; ein Terragone trat aus der Höhle, der einen abgenagten Brustkorb zu den anderen Knochen warf und laut rülpste. Eigentlich war er ein riesiges Krokodil, rund drei Meter groß. Er schleppte einen muskulösen Schwanz hinter sich her, der Körper war mit massiven Knochenplatten bewehrt und die Vorderbeine waren kräftige Arme, die mit scharfen Klauen versehen waren. Noch einmal musterte er das Kraterrund und schlurfte zurück in die Höhle. Angesichts seines Gestanks dachte sich Christoph, dass er auch noch eine Gasmaske hätte erfinden sollen. Vorsichtig stiegen sie den Abhang hinunter.

Auf einmal hörten sie ein Schlurfen. Skiron und Notos, die dem Eingang am nächsten standen, hoben ihre Waffen und bevor der Terragone nach links und rechts sehen konnte, hatten sich zwei Speere in seinen Brustkorb gebohrt. Er blickte ungläubig drein, als er auf die Knie sank, röchelte und zur Seite fiel. Christoph ballte die Hände zu Fäusten. Seine Speere waren in den Schuppenpanzer eingedrungen, so wie Messer in Butter gleiten! Nun zündeten alle ihre Fackeln an und drangen in die Höhle vor. Im Schein der Flammen erblickten sie zu ihrer Überraschung zahlreiche Wandmalereien, auf denen Terragonen bei der Jagd zu sehen waren. **...**

39

Vorsichtig nach allen Seiten blickend, so bewegten sie sich vorwärts. Schritt für Schritt gingen sie in das Vulkaninnere, die Speere wurfbereit in der Hand haltend. Immer wieder sahen sie bewundernd die großen Wandgemälde an, die, je tiefer sie in die Höhle eindrangen, immer farbenprächtiger wurden. Es schien fast so, als ob die Farben gegen die Dunkelheit der Höhlen ankämpfen sollten.

Der Gestank wurde unerträglich. Kleinere Gänge tauchten vom Hauptgang steil in die Tiefe ab. Sie blieben stehen, als sie hörten, wie sich ein Terragone unter Gestöhne einen steilen Gang hocharbeitete. Vollkommen überrascht, blieb er stehen, als er die Avilonen erblickte, und versuchte, ein schrilles Pfeifen ausstoßend, in der Tiefe des Ganges zu verschwinden. Da bohrten sich knirschend zwei Speere in seinen Rückenpanzer. Ächzend stürzte er in den Gang zurück.

Sein Pfiff war den anderen aber eine Warnung: In der Ferne hörte man plötzlich ein Trampeln und ein Schaben von Panzern, die aneinander rieben. Die Geräusche kamen näher und die Werfer hielten ihre Speere bereit. Wieder gellten Pfiffe durch den Höhlengang und die Terragonen waren jetzt schon ganz nah. Angespannt und auf ein Kommando wartend, standen die Speerwerfer da. „Los!", rief Christoph, als die Terragonen noch dreißig Meter entfernt waren. Die Speere fuhren ihnen in die Brust, im Todeskampf ließen sie ihre Steine fallen. Die Reptilienmenschen gingen unter in einer Wolke aus Speeren, die nicht nur einfach an ihren Panzern kratzten wie früher, sondern mit tödlicher Wucht in ihre Körper fuhren. Es war ein kümmerlicher Rest, der entsetzt und verstört davonlief. Jubilierend schlugen die Vogelmenschen ihre Speere klappernd aneinander und blickten triumphierend auf den Haufen von toten Leibern. Ein solcher Sieg kam für sie wirklich überraschend! ...

40 (a) Da/Weil sie von ihrem ersten Sieg überwältigt waren,
(b) die sorglos redeten und lachten,
(c) indem sie nur auf ihre Panzer vertrauen.
(d) Während er den Blick immer geradeaus hielt,
(e) und (sie) warteten darauf,
(f) Weil/Nachdem sie neugierig geworden waren,
(g) die sich einen Ball zuwarfen.
(h) der heftig am Kopf blutete,
(i) Während sie auf einem Felsvorsprung standen,

41 Das Gesicht vor Schmerz verzerrt, so saß der Späher da und wartete darauf, dass seine Wunde behandelt wurde. Christoph zog Skiron und Notos beiseite und erklärte ihnen, welchen Plan er hatte, um die Reptilienmenschen zu besiegen. Mit dem Speer in den Sand des Höhlenbodens zeichnend, entwarf er eine kleine Skizze. Die beiden studierten sie und machten sich dann mit einer Gruppe auf den Weg zum Ausgang, um in die Kugel zurückzufliegen und mit den Dorfbewohnern das zu bauen, was Christoph vorgeschlagen hatte.

Auf Christophs Rat hin wurden beide Seiten des Gangs von jeweils vier Speerwerfern bewacht. Die anderen, mittlerweile müde und hungrig geworden, setzten sich an die Wände, dösten vor sich hin oder aßen und tranken von den mitgebrachten Vorräten. Christoph blickte zur Decke, angestrengt darüber nachdenkend, ob seine Strategie richtig war. Er hatte nun einen Feldzug zu verantworten, in dem andere starben. War diese Rettungsaktion das wert? Die Stirn in Falten gelegt,

126 | **Lösungen**

starrte er vor sich hin und seine Gedanken drehten sich im Kreis; die Stunden schleppten sich träge dahin.

Da ging ein Fackelträger, eine Fackel hoch über den Kopf haltend, an Christoph vorbei und der Feuerschein strich über ein Wandgemälde, das gerade angefangen worden war. Gerade noch einen Aufschrei unterdrückend, sprang der Junge plötzlich auf. Er stürzte, dem Vogelmenschen die Fackel aus der Hand reißend, zum Gemälde und konnte die Tränen nicht mehr zurückhalten: Seine kleine Schwester saß inmitten von Vogelmenschen auf einer Wiese. Das war Lena! Was hatte das zu bedeuten? Ungläubig den Kopf schüttelnd, stand er vor der Höhlenwand. Das Flackern der Fackel ließ ihr Gesicht lebendig erscheinen und Christoph wusste nun wieder, warum er das alles tat und warum auch die Vogelmenschen diese Gefahren auf sich nahmen.

In Schein der Fackel sah er etwas auf dem Boden blinken. Neugierig geworden, bückte er sich und schaute es sich interessiert an; es war schwer und glänzte rötlich. Christoph, den Fund in seine Hosentasche steckend, wollte sich später näher damit beschäftigen. **...**

Test 11

Gut vorbereitet, wird es dir keine Schwierigkeiten mehr machen, Kommas richtig zu setzen. Aufmerksam die Aufgaben bearbeitend, ist dir sicher aufgefallen, dass sich das erweiterte Partizip oft ungewohnt anhört. Der erweiterte Infinitiv klingt dagegen eleganter als ein Nebensatz.

Gelungene Texte bieten Abwechslung, viele sprachliche Möglichkeiten nutzend. Den Leser unterhaltend und ansprechend, so sollen Texte geschrieben werden. Wenn dem Leser, vom Schlaf überwältigt, die Augen zufallen, hat dein Text seine Aufgabe verfehlt.

Wie hast du abgeschnitten? Trage dein Ergebnis auf Seite 3 ein.
0–1 Fehler ☺   2–3 Fehler ☺   ab 4 Fehlern ☹

Wiederholung 9

In der Ferne tauchten glühende Punkte auf und erleichtert riefen die Vogelmenschen: „Sie kommen zurück." Christoph ging ihnen entgegen, um ihnen zu helfen. Sie trugen Holzdächer. Skiron sagte: „Alle haben dabei mitgeholfen, die Dächer zu bauen." Christoph inspizierte sie und war zufrieden. Die Satteldächer würden ihre Aufgabe erfüllen, Schutz vor dem Steinhagel der Reptilienmenschen zu bieten. Dann setzte sich der Zug in Bewegung. Vorne ging eine Gruppe von Speerwerfern und hinter ihnen folgten wie Riesenschildkröten die Schutzdächer. Der Gang weitete sich und wurde höher. Der Späher stoppte und deutete in die Höhe. Hoch über dem Gang standen Terragonen mit Steinen in ihren Klauen, um sie auf die Avilonen hinabprasseln zu lassen. Ein großer Stein donnerte zu Boden, ohne viel auszurichten, denn die Avilonen hielten Abstand. Die Speerwerfer stellten sich jetzt an den Wänden auf, ihre Speere zischten nach oben. Im selben Moment bewegten sich die Schutzdächer vorwärts. Es krachte furchtbar, als ein Stein auf das Dach fiel, ohne aber Schaden anzurichten. Die Reptilienmenschen waren zu beschäftigt damit, den Speeren auszuweichen. Der Gang weitete sich zu einer großen Halle. Sie bildeten mit ihren Dächern einen Kreis und stellten sie als Schutzschilde vor sich auf. So machten sie sich kampfbereit. Auf einmal war es still. **...**

42 Die Reptilienmenschen schauten betroffen auf die Speerwerfer im Gang und auf die provisorische Burg in der Halle. Sie waren eingeschlossen, und zwar vollkommen. Mit ihren Steinen konnten sie keinem mehr gefährlich werden und, wenn sie den Felsvorsprung verließen, um anzugreifen, waren sie Ziele, bequem abzuschießen wie Blechbüchsen in einer Schießbude. Christoph, der große Stratege, sah sich um:
Die Halle, also eigentlich eher der „Dom", war riesig. Außer dem Gang, durch den sie gekommen waren, endeten zwei weitere Gänge in ihr. In einem Gang hörte man Geräusche, nämlich das Knirschen von aneinander reibenden Panzern. Die Speerwerfer hakten ihre Speere in die Schleudern und holten aus. Ein leises Grunzen war zu hören und vorsichtig spähte ein Reptilienmensch aus dem Gang. Christoph schüttelte den Kopf, als er merkte, dass einer der Speerwerfer Anstalten machte zu werfen. Er sah, dass sich im Gang mehrere Reptilienmenschen, recht imposante Erscheinungen, drängten und die Halle stürmen wollten. Die Terragonen auf dem Felsvorsprung blickten hoffnungsvoll drein.
Auf einmal stolperte der vorderste von ihnen, eine große und mächtige Gestalt, in die Halle und die anderen folgten ihm. Wie ein Blitz, genauer gesagt wie ein hölzerner Blitz, flogen die Speere und bohrten sich in den Lehmboden, wo eben noch die Reptilienmenschen gestanden hatten. Sie waren im letzten Moment zurückgesprungen. Wütendes Schnauben, ein wirklich fürchterliches Geräusch, war aus dem Gang zu hören. Die Avilonen freuten sich. Seitdem sie denken konnten, waren die Terragonen die gefürchteten Feinde, gegen die sie sich nicht wehren konnten, und die

sie ohnmächtig erdulden mussten. Jetzt waren sie stärker als die Terragonen, die mit ihren Klauen und Zähnen und den Steinen nur auf kurze Entfernung kämpfen konnten und gegen die Speere, die todbringenden Geschosse, auch durch ihren Panzer nicht geschützt wurden.

„Von dem Felsvorsprung kommen sie nicht mehr herunter, also zumindest nicht lebend", meinte Christoph, „sie wissen, dass wir sie jetzt schon treffen können. Die anderen kommen aus dem Gang nicht in die Halle." „Wenn unsere Kinder und Lena noch leben, haben sie die als Geiseln", meinte Notos. „Wir müssen verhandeln", stellte Christoph fest. **...**

43 Skiron, Notos und Christoph, die Unterhändler, legten ihre Speere, Zeichen der Feindschaft, auf den Boden und verließen zwischen zwei Dächern die Burg. Sie gingen mit erhobenen Händen zum Felsvorsprung und setzten sich schutzlos in Wurfweite der Steine auf den felsigen Boden. Die Terragonen auf dem Felsvorsprung beobachteten etwas ratlos, was geschah. Dann steckten sie ihre grässlichen Schnauzen zusammen. Lange Zeit war nur ein Grunzen und Schnauben zu hören, ein für die Vogelmenschen angsterregendes Geräusch. Dann lösten sich drei aus der Gruppe und kletterten den Abhang hinab, und zwar geschickter, als man es bei ihrer Massigkeit hätte erwarten können.

Zum Zeichen ihrer Friedfertigkeit hoben auch sie ihre Arme, und Christoph sah die scharfen, schwarzen Klauen, ihre gefährlichsten Waffen, nun aus nächster Nähe. Sie setzten sich. Skiron und Notos beugten sich nach vorne, um mit ihnen in Gedankenverbindung zu treten. Doch Skiron schüttelte den Kopf: „Wir können keine Verbindung zu ihnen aufbauen. Ich sehe nur unzusammenhängende Bildfetzen, nämlich undeutliche Kampfszenen." Christoph sah den Reptilienmenschen neugierig in die Augen. Ihre Iris war oval und goldgelb. Von den Mäulern baumelten Schleimfäden. Christoph schüttelte es unwillkürlich.

Die drei Terragonen grunzten sich etwas zu. Der größte von ihnen, ein Ungetüm mit rötlichem Panzer, hob seinen Arm, zeigte zu dem Gang, in dem seine Artgenossen verschwunden waren, und deutete an, dass er sich erheben wollte. Christoph nickte und der Koloss stapfte zu dem Gang, seinen schuppigen Schwanz hinter sich her schleifend. Alle, besonders die Reptilienmenschen auf dem Felsvorsprung, schauten ihm gespannt nach, als er verschwand.

Man saß sich etwas verspannt gegenüber. Auch die Reptilienmenschen strengte die Situation merklich an. Ihre Augen sprangen unruhig hin und her und sie atmeten schnell, also jedenfalls schneller als sonst. Auf einmal

Lösungen 129

ging ein Raunen durch die Schar der Vogelmenschen. Aus dem Gang
stapfte der riesige Terragone und hinter ihm
sprang leichtfüßig ... – „Dysis, mein Kind!"
Einer der Avilonen konnte kaum von den
anderen davon abgehalten werden, zu
seinem Kind zu eilen. „Kind" ist
gut, schmunzelte Christoph, denn
Dysis war eine erwachsene
Frau. ...

130　✏ Lösungen

Test 12

> Satzzeichen, besonders Kommas, können manchmal sogar Leben retten. Das zeigt uns die folgende Geschichte:
> Ein mutmaßlicher Mörder sollte hingerichtet werden. Der König, ein gerechter und weiser Herrscher, hatte die Möglichkeit zur Begnadigung. Die Richter schickten einen Boten, einen berittenen und zuverlässigen Mann, um nachzufragen, ob der König den Verbrecher begnadigen wolle. Der Bote kam mit der Nachricht zurück:
> *ICH KOMME NICHT HINRICHTEN!*
> Die Richter, drei überaus korrekte Menschen, grübelten lange, was diese Botschaft bedeutete: Sollte der Mann hingerichtet werden, und zwar in Abwesenheit des Königs? Oder war der König unterwegs und der Mörder zu verschonen? Die Richter beschlossen aufgrund der Botschaft, der zweideutigen, im Zweifel für den Angeklagten zu entscheiden – und schenkten ihm das Leben.

Wie hast du abgeschnitten? Trage dein Ergebnis auf Seite 3 ein.
0–1 Fehler ☺　　2–3 Fehler ☺　　ab 4 Fehlern ☹

Wiederholung 10

Innerlich jubelnd, sah Christoph Dysis an. In ein weißes Kleid gehüllt, so trat sie zur Gruppe der Unterhändler. Notos und Skiron anlächelnd, bot sie an zu dolmetschen. Die Terragonen setzten zu längeren Ausführungen an, wobei man gar nicht glauben mochte, dass dieses Gegrunze, gemischt mit Schnauben, irgendeinen Sinn ergeben könnte.
„Sie sehen ein, dass sie in einer schwierigen Situation sind und viele Krieger verloren haben. Sie erkennen an, dass ihr überlegene Waffen besitzt. Ihr sollt aber nicht vergessen, dass wir noch in ihrer Gewalt sind."
Fragend sah Christoph Dysis an. Sie antwortete, ihn freundlich anlächelnd: „Deiner Schwester geht es gut. Sie hat nie gezweifelt, dass du kommen würdest." Er merkte, wie seine Augen feucht wurden, und fragte: „Sind die Terragonen bereit, die Kinder der Avilonen und Lena freizugeben?" Dysis, all ihren Mut zusammennehmend, wandte sich an die Reptilienmenschen, wobei das, was bei diesen ein Gegrunze und Gestöhne war, bei ihr wie das Dampfen und Pfeifen einer niedlichen Lokomotive klang. Erstaunt blickten Notos, Skiron und Christoph, als Dysis die Antwort übersetzte: Keine Bedingungen stellend, waren sie bereit, alle freizulassen. **. . .**

44 Alle waren überrascht, wie schnell die Reptilienmenschen ihre Lage akzeptierten, doch auch misstrauisch, hatten sie doch bisher mit ihnen nur Schlechtes erlebt. Wie würden sich die Reptilienmenschen denn in Zukunft verhalten? Würden sie jetzt geschickt ihren Hals aus der Schlinge ziehen, aber dann ihre Höhle in eine Festung verwandeln und weitermachen wie bisher? Alle Gefangenen freizulassen, das war wohl eine Lösung, jedoch nur eine kurzfristige.

Immer mehr Reptilienmenschen waren aus dem Gang gekommen, doch weder die Vogelmenschenkinder noch Lena waren zu sehen. Skiron fragte Dysis, wo sie seien. Dysis sprach kurz mit den Reptilienmenschen und sagte dann: „Wenn ihr wollt, könnt ihr zu ihnen." Die Reptilienmenschen hatten sich ergeben. War das ein ehrliches Aufgeben oder nur eine List?

Sowohl Christoph als auch Skiron und Notos standen auf. Sie ließen sich in einen Gang führen, der sich zu einer kleineren Halle weitete. Christoph hielt den Atem an. Die Fackeln beleuchteten eine Bildergalerie. Diese waren einerseits von einer Prächtigkeit, andererseits auch von einer Farbigkeit, die er so noch nie gesehen hatte. Lena saß glücklich inmitten von Vogelmenschen und Christoph rannte auf sie zu und schloss sie in die Arme. „Christoph, du Dummkopf, lass mich leben. Du hast mich doch nicht gerettet, um mir jetzt entweder die Rippen oder die Arme zu brechen!"

Die Vogelmenschen zwitscherten freudig, als sie ihre Kinder in die Flügel nehmen konnten. Christoph fragte Lena: „Was habt ihr denn hier unten gemacht?" „Teils geschlafen, teils uns gelangweilt", seufzte Lena gespielt. Christoph schaute verdutzt und Lena lachte: „Du bist kein scharfer Beobachter. Sieh dich doch um!" Christoph inspizierte die Halle genauer und sah, dass überall auf dem Boden mit Farbe verschmierte Töpfe bzw. Eimer standen. „Habt ihr das gemalt?", fragte Christoph erstaunt. Christoph betrachtete die Wände der Höhle und dachte wieder an die Bilder in den Gängen. Er sah das alles, doch er fand es nicht einleuchtend, sondern nur verwirrend. ...

132 | Lösungen

Test 13

Manche sagen, Zeichensetzung lerne man zwar nicht schnell, aber doch automatisch – einerseits beim Schreiben, andererseits beim Lesen. Nun schreiben und lesen zwar viele, jedoch ohne positive Auswirkung auf die Zeichensetzung. Woran liegt das?

Wenn du z. B. Englisch-Vokabeln lernen willst, gelingt dir das nicht, indem du sie zwanzigmal durchliest, sondern indem du versuchst, dir fünf Vokabeln zu merken, sie abdeckst, dich abfragst, und, wenn du alle kannst, zur nächsten Fünfergruppe gehst. Nicht viel, sondern richtig lernen hilft! In der ersten Lernstufe liest du sie durch, in der zweiten lernst du sie, indem du dich erinnerst und dann überprüfst, ob du die Vokabel richtig behalten hast. Du kannst nicht nur passiv lernen, sondern auch aktiv. Das ist zwar anstrengender, aber auch langfristig viel erfolgreicher. Bestimmt sind dir diese Tipps teils neu, teils schon bekannt.

Wie hast du abgeschnitten? Trage dein Ergebnis auf Seite 3 ein.
0–1 Fehler ☺   2–3 Fehler ☺   ab 4 Fehlern ☹

Wiederholung 11

„Die Kinder der Avilonen haben das gemalt? Warum?", fragte Christoph. „Das war am Anfang, also vor rund 20 Jahren, wohl auch nicht so klar. Das habe ich den Erzählungen entnommen, vor allem den Erzählungen von Dysis. Sie ist am längsten hier. Die Reptilienmenschen sind nicht so böse und unappetitlich, wie sie scheinen. Klar, sie stinken, besonders ihr Atem. Sie wirken wie Unholde, aber – sie sind intelligent und haben Gefühle. Und sie lieben schöne Dinge! Die Reptilienmenschen leben in Höhlen, weil sie sich mit ihren Klauen, diesen ungelenken Pranken, keine Behausungen bauen können wie die Avilonen die Wohnkugeln. Sie haben sich das geholt, was sie selbst nicht haben können, nämlich Schönheit. Sie lassen sich ihre Höhlen mit prächtigen Wandgemälden verschönern. Die entführten Kinder der Avilonen haben sich schnell an die Verhältnisse hier gewöhnt und nach einigen Jahren fast vergessen, dass es noch eine oberirdische Welt gibt."

„Du vergisst das Entscheidende, ihr Verbrechen. Sie haben Kinder entführt!", wendete Christoph ein. Lena schüttelte den Kopf: „Das mag sein. Sie dürfen den Eltern nicht einfach die Kinder, ihr Ein und Alles, wegnehmen. Aber ich weiß auch, sie sind nicht von Grund auf böse." ...

45 „Lena, du wirst ja richtig philosophisch", spottete Christoph, nachdem seine Schwester die Terragonen in Schutz genommen hatte. „Ach, nie nimmst du mich ernst. Erst setzt du eine ganze Armee in Bewegung, um mich zu retten, und dann behandelst du mich wieder wie deine kleine Schwester", motzte Lena. „Nein, du weißt, dass das nicht stimmt", verteidigte er sich und Lena flüsterte versöhnlich: „Christoph, du warst toll! Du hast die Avilonen von einer Plage befreit, die sie Jahrzehnte lang gequält hat."

Christoph war verstört. So hatte seine Schwester noch nie mit ihm geredet. Ihm fehlten jetzt die Worte, denn solche Gespräche mochte er nicht. Ja, darüber nachdenken konnte er, aber darüber reden? Während des Gesprächs hatten sich die Vogelmenschen ausgiebig mit ihren Kindern beschäftigt und Christoph war richtig froh, als Notos jetzt zu ihnen trat und zum Aufbruch mahnte. Die Terragonen waren in die Höhle gekommen und hatten das Wiedersehensfest beobachtet. Ihr mimisches Ausdrucksvermögen war begrenzt. Schaute man ihnen in die Augen, dann konnte man Traurigkeit sehen, gemischt mit Furcht vor einer freudlosen Dunkelheit. „Notos, bitte rufe alle in der großen Halle zusammen", sagte Christoph. Er nahm seine Schwester an die Hand, die sie ihm in einem ersten Reflex wegziehen wollte, sich es dann aber doch gefallen ließ, von ihrem Bruder geführt zu werden. Christoph stellte sich auf einen Felsbrocken und hob die Hand. Alle blickten zu ihm.

„Freunde und ehemalige Feinde, wir haben erreicht, was wir erreichen wollten. Euch allen sage ich dafür Dank; allen, die hier stehen. Auch denen, die wussten, wann die Zeit gekommen ist, mit dem Kampf aufzuhören. Hurra, die, die wir lieben, haben wir wieder bei uns!" Christoph konnte nicht mehr weitersprechen, weil nach diesem Satz alle ihre Speere freudig gegeneinanderschlugen. Er hob wieder die Hand. „Ihr Bewohner der Höhlen, wir gehen und lassen euch zurück. Doch seid sicher, dass wir wiederkommen. Aber nicht mit dem Speer, nein, sondern mit Worten – Worten, die in die Zukunft weisen, Worten, die euch und die Vogelmenschen nicht trennen, sondern auf einen gemeinsamen Weg führen werden." Zustimmend grunzten die Terragonen, und das war, so fühlte Christoph, ein großer Erfolg. ...

134 Lösungen

Test 14

> Respekt, du warst fleißig! Schau einmal zurück, wie viele Seiten du geschafft hast. Ja, du hast bald das Ende erreicht. Bitte(,) lass jetzt nicht nach! Ach, ich verstehe es doch auch – es ist manchmal mühsam, eine Übung nach der anderen zu bearbeiten.
> Liebe Schülerin, lieber Schüler, du wirst aber stolz auf dich sein, wenn du das ganze Buch durchgearbeitet hast. Nein, daran darfst du nicht zweifeln.

Wie hast du abgeschnitten? Trage dein Ergebnis auf Seite 3 ein.
0 Fehler ☺   1–2 Fehler 😐   ab 3 Fehlern ☹

Wieder-holung 12

Ein langer Zug setzte sich in Bewegung und die Terragonen blieben mit hängenden Schultern zurück. Die Kinder der Avilonen, die schon lange in den Höhlen gewohnt hatten, waren ganz gespannt auf Sonne und Himmel und zwitscherten aufgeregt. Weil sie nie das Fliegen gelernt hatten, wurden sie von jeweils zwei erfahrenen Fliegern an die Hand genommen und blickten neugierig, aber auch ein bisschen ängstlich in Tiefe. Einer nach dem anderen hob ab und wurde immer kleiner, während er dem Dschungel entgegenschwebte.

Als der Erste durch die große Deckenöffnung flatterte, blickten alle Daheimgebliebenen sofort nach oben und eilten zum großen Versammlungsplatz. Es war nicht nur ein schöner, sondern auch ein feierlicher Anblick, als einer nach dem anderen durch die Öffnung flog. Jedes Mal, wenn eines der entführten Kinder zurück in die Kugel kam, schrien alle vor Freude auf, und manche Mutter und mancher Vater musste sogar gestützt werden, so überwältigte sie die Freude.

Allen Kämpfern war die Anstrengung ins Gesicht geschrieben, aber auch der Stolz. Sie hatten geschafft, was niemand geglaubt hatte. Sie hatten nicht nur einen Krieg, sondern möglicherweise auch einen langen Frieden gewonnen. Schnell waren alle in ihren Nestern verschwunden und erholten sich von den Strapazen. Auf einmal standen Christoph und Lena alleine auf dem großen Versammlungsplatz und sie machten sich auch auf zu ihrem Nest, in dem aber niemand auf sie wartete. Die Geschwister waren wieder vereint, aber doch allein. Ihre Eltern fehlten. . . .

Weitere Satzzeichen

46 Lena und Christoph schliefen lange; denn der letzte Tag war anstrengend gewesen. In der Kugel herrschte schon reges Leben: Vogelmenschen brachten Früchte aus dem Dschungel; in großen Gefäßen wurde Wasser herbeigeschleppt; Brennholz wurde gestapelt und einige waren damit beschäftigt, Früchte auszupressen, deren Saft in großen, ausgehöhlten Kürbissen gesammelt wurde. Eines der geretteten Vogelmenschenkinder saß bei seiner Mutter, die den Arm um ihr Kind gelegt hatte. Sie wollten sich überhaupt nicht mehr loslassen: Der Alltag hielt wieder Einzug in die Kugel. Christoph räkelte sich unter seiner Schlafdecke; doch mit der Ruhe war es schnell vorbei. „Komm, steh auf! Ich habe Hunger. Lass uns Obst und Saft holen", drängte Lena. Christoph sprang sofort auf; er kämmte sich mit den Fingern kurz seine Haare und folgte seiner Schwester. Sie holten sich Früchte, Brot und Saft, setzten sich auf den Boden und frühstückten. Sie blieben nicht lange alleine; denn Karpo erspähte sie und setzte sich zu ihnen. Sie bat Christoph, ihr die Ereignisse des Vortages zu erzählen. Christoph meinte, dass sie doch alles schon ausführlich erzählt bekommen habe. Karpo lächelte ihn aber so nett an, dass er ihr den Wunsch nicht abschlagen konnte; so erzählte er noch einmal, was passiert war, immer wieder unterbrochen von Karpos eifrigen Nachfragen. **...**

47 Fast schien es, als ob Karpo die Zeit verlängern wollte, die sie neben Christoph saß. Lena gähnte manchmal ein bisschen: E So genau wollte sie es doch nicht wissen; nur die reine Höflichkeit hielt sie davon ab aufzustehen. „Denk daran, was Mama immer sagt: Z *Reden ist Silber, Schweigen ist Gold*", flüsterte sie. Doch Christoph fuhr fort in seinen ausschweifenden Erzählungen: S Er war von Karpo offensichtlich ganz eingenommen.
Auf einmal bemerkten sie, dass am Eingang der Kugel Unruhe entstand, und sie reckten ihre Hälse, um zu sehen, was die Ursache war: E Am Eingang drängten sich Vogelmenschen und zwitscherten aufgeregt. Da bildeten sie eine Gasse und durch sie schritten fünf Terragonen: A der riesige mit dem rötlichen Panzer, ein kleinerer, der mit ihm im Gleichschritt ging, und drei weitere Kolosse. Christoph sah, dass einige nach ihren Speeren griffen und die Reptilienmenschen misstrauisch beobachteten. Kaikias, inzwischen von der Ankunft der Terragonen benachrichtigt, kam ihnen entgegen und begrüßte sie: E Keiner wollte nämlich einen neuen Streit. **...**

136 / Lösungen

Test 15

> Jemand hat einmal gesagt: (_____Zitat_____) „Lernen geschieht nicht von selbst." – Du kannst es dir aber durch die richtigen Lernmethoden erleichtern. Eine will ich dir hier vorstellen.
>
> Im Buch findest du Zeichensetzungsregeln mit Beispielsätzen. Schreibe eine Regel auf einen Zettel; auf einen anderen notierst du den Beispielsatz. Das machst du mit mehreren Regeln. Die Zettel klebst du ungeordnet an eine Stelle, an der du oft vorbeigehst; immer, wenn du vorbeikommst, nimmst du einen Regelzettel und suchst den entsprechenden Beispielsatz. Das machst du so oft, bis du die Regel sicher beherrschst.
>
> Mit dieser Methode kannst du auch andere Grammatikregeln lernen. Wichtig ist, dass du konsequent bist: (_____Erklärung_____) Das bedeutet, dass du immer, wenn du vorbeigehst, diese Übung machst.

Wie hast du abgeschnitten? Trage dein Ergebnis auf Seite 3 ein.
0–1 Fehler ☺   2 Fehler ☺   ab 3 Fehlern ☹

Wiederholung 13

Der Terragone mit dem rötlichen Panzer begann zu sprechen, Dysis übersetzte: „Ich heiße Atepomaros. Wir danken euch, dass wir kommen durften. Bitte(,) verzeiht uns!" Kaikias umschloss seine Klauen: „Mein Name ist Kaikias. Als Erster des Stammes bin ich befugt, mit euch zu verhandeln. Wir verzeihen euch. Ja, Vergangenheit soll Vergangenheit sein." Atepomaros grunzte: „Kaikias, wir haben uns mit Gewalt genommen, was wir wollten. Das war falsch. Doch wir brauchen euch als Maler, als unsere Hände."

Da kramte Christoph in seiner Tasche und zog das rötliche Gebilde heraus. „Atepomaros, kennst du diesen Stein?", fragte er. Der betrachtete ihn und sprach: „Ja, in den Höhlen gibt es viele davon." „Wir nennen das Kupfer; man kann daraus so etwas wie sehr hartes Holz herstellen", entgegnete Christoph, „die Avilonen können für euch malen und ihr gebt ihnen Kupfer." Die Idee erschien den Avilonen sonderbar, doch Kaikas entgegnete, auf Christoph vertrauend: „Gut, wir geben euch Bilder, ihr gebt uns Kupfer und eure Kraft, wenn wir sie brauchen." „Wunderbar, abgemacht!", schnaubte Atepomaros, und er umarmte Kaikias. **...**

48 Während der Verhandlung waren immer mehr Avilonen auf den Versammlungsplatz gekommen und hatten das Gespräch verfolgt. Als Atepomaros Kaikias schließlich umarmte, jubelten alle und gingen dann (ein Fest wollte ja vorbereitet werden) schnell zu ihren Nestern.

Christoph und Lena standen mit Dolmetscherin Dysis bei Atepomaros. Der schaute sie neugierig an und fragte: „Wie seid ihr eigentlich auf die Insel gekommen?" Christoph erzählte und sie lachten beinahe, als er berichtete, wie sie in einer ihrer Fallgruben gelandet waren. Atepomaros meinte: „Dann wärt ihr ja beinahe zu uns gekommen – hätten wir nur früher diese Fallgrube kontrolliert. Dann wäre –" Er sprach nicht weiter, doch alle wussten, was er dachte.

Atepomaros hatte seine Schnauze – in Gedanken versunken – auf die Panzerplatten seiner Brust gelegt. „Ihr wollt nach Hause zu euren Eltern? Dazu braucht ihr das, was ihr ‚Boot' nennt. – Wir wissen, wo solche Boote sind", sagte er. Die Kinder erstarrten. „Wir sehen vom Vulkan aus immer wieder Boote vorbeifahren." Lena und Christoph schauten sich hoffnungsvoll an. „Wenn ihr ein Schiff seht, müsst ihr uns benachrichtigen! Wir haben in unserer Rettungsinsel Signalraketen." – „Wenn wir euch so helfen können, wäre ich glücklich. Sobald wir ein Schiff sehen, zünden wir ein Feuer an und ihr könnt eure Signalrakete abschießen", sagte Atepomaros und schien richtig zufrieden zu sein, etwas (als eine Art Wiedergutmachung) für die Menschenkinder tun zu können.

Körbe voller Kürbisse mit Honigwein – Christoph hatte schon einmal zu viel davon getrunken – wurden herbeigeschleppt, Musiker nahmen ihre Plätze ein und Tänzer probten ihre Schritte. Immer mehr Bewohner (auch Alte mit silbern glänzendem Gefieder) kamen zum Versammlungsplatz. ...

(Bei dieser Aufgabe gibt es mehrere Möglichkeiten. Oft sind Klammern und Gedankenstriche gegeneinander austauschbar. Manche Gedankenstriche kannst du setzen, musst es aber nicht tun.)

138 / Lösungen

Test 16

Du bist am Ende angelangt – am Ende des Zeichensetzungskurses. Du hast gesehen (wenn du die Übungen mit Verstand gemacht hast)*, dass die Zeichensetzung wesentlich zum Verständnis von Texten beiträgt. Du kannst jetzt – hoffentlich –* mit einer größeren Auswahl von Satzzeichen deine Texte klarer und übersichtlicher gestalten.

Satzzeichen haben aber auch etwas mit Gefühlen zu tun – besonders Gedankenstriche. In emotionalen Texten (z. B. in Gedichten)* findet man sie häufig: Sie stehen für die sprachlich nicht ausgedrückten Gefühle.

* Klammern und Gedankenstriche sind hier auch austauschbar.

Wie hast du abgeschnitten? Trage dein Ergebnis auf Seite 3 ein.

0–1 Fehler ☺   2–3 Fehler 😐   ab 4 Fehlern ☹

Wiederholung 14

Kaikias klatschte in die Hände: Das Fest konnte beginnen. Die Musiker schlugen mit ihren Klanghölzern Akkorde; die Tänzer warteten auf ihren Einsatz. Die Musiker zogen die Geschwindigkeit an; die Tänzer bewegten sich zur Mitte des Versammlungsplatzes und tanzten immer schneller. Die Terragonen saßen wie erstarrt: So etwas hatten sie noch nie gesehen und gehört.

Als der Tanz beendet war, erhob sich Kaikias. „Wir feiern eine neue Zeit", sagte er, „alleine hätten wir dies nicht geschafft; uns wurde geholfen." Er winkte Christoph und Lena zu sich. „Für euch war es ein Unglück; für uns ist es ein Glück, dass ihr auf unsere Insel verschlagen wurdet. Ihr habt zwar kein Federkleid und könnt nicht fliegen: Das ist schade. Das Fliegen können wir euch auch nicht beibringen, aber mit dem Federkleid –" Er wurde unterbrochen von Notos, Skiron, Auxo und Karpo, die den beiden nun rote Federkronen aufsetzten und Mäntel aus Papageienfedern umhängten. In der Kugel brauste Jubel auf: Alle schauten begeistert auf die Menschenkinder. Auch die Terragonen waren aufgestanden; man merkte aber, dass ihre Freude getrübt war: Sie dachten an ihre toten Gefährten.

Der Jubel verstummte, als eine Gruppe von Kindern herantrat und eine bemalte Grasmatte emporhob. Die Reptilienmenschen betrachteten das Bild gerührt: Es zeigte deren erstes Treffen mit Kaikias. Da begannen die Musiker erneut zu spielen; alle stellten sich zum Rundtanz auf. Es sollte eines der längsten Feste werden, das die Avilonen je gefeiert hatten: Erst im Morgengrauen zogen sich die Letzten in ihre Nester zurück. ...

(Viele der Strich- und Doppelpunkte musst du hier nicht unbedingt setzen. Dieser Lösungsvorschlag soll dir nur zeigen, welche Möglichkeiten dir die Zeichensetzung bietet.)

Zusammenfassende Übungen

49 Als die Sonne schon am Himmel stand, wachten Christoph und Lena auf. Auxo, Lenas Freundin, schaute über den Nestrand. „Wollt ihr den Tag durchschlafen?", zwitscherte sie, „wir warten auf dich, Lena." Lena sprang auf und kletterte den Baum hinunter. Das war das Signal für Christoph, auch rasch aufzustehen und hinunterzuklettern. Es herrschte schon ein geschäftiges Treiben.
Grasmatten wurden geflochten, man kehrte den Platz. Christoph sah zu, wie Brot gebacken wurde: Zwei Avilonen hatten Feuer gemacht; jetzt schoben sie die Glut beiseite, machten eine Mulde, legten mit Blättern umwickelten Teig hinein und schoben Kohle darüber. Christoph lief das Wasser im Mund zusammen, denn das Brot, besonders die Kruste, schmeckte sehr gut.
Skiron und Notos kamen vorbei; er winkte sie zu sich. Aus seiner Hosentasche holte Christoph eine schalenförmige Tonscherbe und das Kupferstück, das er gefunden hatte. Beides legte er in die Glut und häufelte Kohle darüber. „Notos, hole mir bitte Lehm und mache eine schmale längliche Vertiefung hinein," bat Christoph. Notos lief los, um den Lehm zu holen. Mit Stecken schob der Junge nun die Kohle zur Seite und hob die Tonscherbe aus der Glut. Eine rötliche Flüssigkeit bewegte sich auf dem Boden der Scherbe. Er goss sie in die Vertiefung des Lehmklumpens, die Notos gemacht hatte, wartete ein bisschen, drehte den Lehmklumpen um und ließ einen fingerlangen Stab fallen.
Sofort begann Christoph damit, den Stab zu klopfen. Abschließend goss er Wasser darüber, um ihn abzukühlen, und dann reichte er das Stück Notos und Skiron. Neugierig betrachteten sie Christophs Werk und waren erstaunt, dass man es biegen konnte, ohne dass es zerbrach. Ein wahres Wunder! ...

50 „In den Höhlen gibt es Kupfer, aus dem ihr Gefäße, Speerspitzen und Werkzeug machen könnt", sagte Christoph, „wir haben uns in der Schule mit Metallen und ihrer Herstellung beschäftigt. Wenn wir ein wenig herumprobieren, werden wir herausfinden, wie man das Kupfer am besten verarbeitet."

Kaikias lief über den Versammlungsplatz und als er die drei sah, ging er hin, bewunderte Christophs Kupferblech und war im Nachhinein sehr zufrieden mit der Vereinbarung, die sie mit den Terragonen getroffen hatten. „Christoph, schnell, ein Feuer brennt auf dem Vulkan!", hörte er auf einmal Lena rufen, die in die Kugel stürzte. Christoph schaute verblüfft: So schnell hatte er nicht erwartet, dass die Terragonen ein Boot sichten würden. Er sprang auf und Notos und Skiron folgten ihm. Eilig rannten sie zum Meer. Äste schlugen Christoph ins Gesicht, ohne dass er es wahrnahm. Er hatte nur einen Gedanken – rechtzeitig die Signalraketen abschießen!

Als sie den Strand erreichten, sahen sie in der Ferne ein großes, weißes Schiff langsam an der Insel vorbeifahren. Sie hetzten zur Rettungsinsel und holten die roten Signalraketen aus der Kiste. Christoph riss die Kappe ab, zog an der Startschnur, die heraushing, und schoss die Rakete so ab, dass sie vor dem Bug des Schiffs herabsinken musste. In ungefähr 300 Metern Höhe entfaltete sich ein kleiner Fallschirm und die Rakete sank rot leuchtend – man konnte sie wirklich sehr gut sehen – herab. Christoph wartete, bis die Rakete im Meer verschwunden war, und schoss noch eine zweite und dritte in den Himmel. Ihm fiel ein Stein vom Herzen, als er merkte, dass das Schiff seine Fahrt verlangsamte. Lena, mittlerweile auch am Strand angekommen, schaute zum Schiff. Christoph drehte sich um, sah Notos und Skiron in die Augen und merkte auf einmal, dass es ihm die Kehle zuschnürte. „Christoph, komm wieder!", sagte Skiron und Karpo lief auf einmal auf ihn zu und umarmte ihn so stürmisch, dass er fast umfiel. „Wir müssen gehen, wir dürfen nicht gesehen werden", flüsterte sie sanft. Sie drehten sich um, winkten noch einmal zurück und verschwanden im Dschungel.

Eine weiße Schaumspur hinter sich herziehend, so näherte sich ein Beiboot, in dem zwei Matrosen saßen, dem Strand. Christoph und Lena winkten ihnen zu; sie sprangen aus dem Boot. Lena drehte sich noch einmal um und glaubte im Grün des Dschungels einen roten Federbusch aufblitzen zu sehen. Sie schluckte und ihre Augen wurden feucht – dann stieg sie mit Christoph ins Boot.

Fachbegriffe

Im letzten Kapitel sind noch einmal die **wichtigsten Fachbegriffe** zusammengefasst, die in diesem Buch verwendet werden.

▶ Schlage nach, wenn du ein Fachwort nicht kennst. Die Begriffe werden anhand von anschaulichen Beispielen verständlich erklärt.
▶ Der Pfeil ↑ zeigt dir an, dass das darauffolgende Wort ebenfalls ein Fachbegriff ist, der in diesem Kapitel auftaucht. Du kannst also vor- oder zurückblättern.
▶ Der Pfeil → verweist auf diejenige Seite im Buch, auf der du den Fachausdruck ausführlich definiert bekommst oder auf der die Regeln zu diesem Thema genau erklärt werden.

142 Fachbegriffe

▶ **Adjektiv** (Eigenschaftswort, Wiewort)
Adjektive beschreiben Eigenschaften und Merkmale von Personen, Dingen oder Situationen. Sie geben Antwort auf die Frage: „Wie ist jemand / etwas?" Die meisten Adjektive sind komparierbar (steigerbar).
Beispiele: *mutig, mutiger, am mutigsten*
  Lena ist sehr <u>mutig</u>.
  das <u>mutige</u> Mädchen

▶ **Adverb** (Umstandswort)
Unter Adverbien versteht man eine Wortart, durch welche die Umstände eines Geschehens angegeben werden. Sie werden nach dem Umstand des Ortes, der Zeit, der Art und Weise und des Grundes eingeteilt. Adverbien können nicht verändert (↑ konjugiert oder ↑ dekliniert) werden.
Beispiele: *da, dort, hier, wo* (Ort)
  damals, heutzutage, wann (Zeit)
  fast, so, wie (Art und Weise)
  deswegen, somit, warum (Grund)

▶ **Adverbiale / adverbiale Bestimmung** (Umstandsbestimmung)
Das Adverbiale ist ein ↑ Satzglied, das die näheren Umstände einer Handlung, eines Vorganges oder eines Zustandes ausdrückt. Nicht verwechseln darf man es mit dem ↑ Adverb, das eine bestimmte Wortart meint. Zwar besteht das Adverbiale ziemlich oft aus einem Adverb oder enthält ein solches, doch nicht immer.
Beispiele: *<u>Hier</u> sollen Schiffe vorbeikommen.* (Adverbiale des Ortes)
  Die Kinder aßen <u>jeden Tag</u> Obst. (Adverbiale der Zeit)
  <u>Indem Christoph eine Signalrakete abschoss</u>, machte er auf sich aufmerksam. (Adverbiale der Art und Weise, hier als Nebensatz)
  <u>Aus Angst</u> mieden sie ihre Feinde. (Adverbiale des Grundes)

▶ **Aktiv** (Tätigkeitsform)
Das Aktiv ist diejenige Form des ↑ Verbs, bei der das ↑ Subjekt selbst etwas tut. Das Gegenteil vom Aktiv ist das ↑ Passiv.
Beispiele: *Die Reptilienmenschen <u>haben</u> Kinder <u>entführt</u>. Lena <u>weint</u> deshalb.*

▶ **Anführungszeichen**
Mit Anführungszeichen („ … ") schließt man diejenigen Wörter, Wortgruppen oder ↑ Sätze ein, die jemand wortwörtlich gesagt hat und die man ↑ zitieren möchte.
Beispiele: *„Mir nach!", rief Christoph. – Lena entgegnete: „So ein Angeber."*
→ S. 20

Fachbegriffe 143

▶ **Apposition** (Beifügung)
→ S. 68

▶ **Artikel** (Begleiter)
Artikel sind Begleiter von ↑ Nomen. Es gibt bestimmte oder unbestimmte
Artikel. Sie können ↑ dekliniert werden, also verschiedene Formen anneh-
men. In bestimmten Fällen kommen Nomen auch ohne Artikel aus.
Beispiele: *der* Vogelmensch, *die* Speerschleuder, *das* Rettungsboot
(bestimmte Artikel)
ein Reptilienmensch, *eine* Idee, *ein* Angriff
(unbestimmte Artikel)
Um zu überleben, braucht man Mut und Tatkraft.
(ohne Artikel)

▶ **Aufforderung / Aufforderungssatz**
→ S. 13

▶ **Aufzählung**
→ S. 26

▶ **Ausruf / Ausrufesatz / Ausrufezeichen**
→ S. 13

▶ **deklinieren / Deklination**
Alle ↑ Nomen, ↑ Pronomen, ↑ Artikel und ↑ Adjektive können dekliniert
(„gebeugt"), also in verschiedene Formen gesetzt werden, beispielsweise in
verschiedene Kasus (Fälle) oder Numeri (Singular und Plural). Beim ↑ Verb
spricht man nicht vom „Deklinieren", sondern vom ↑ „Konjugieren".
Beispiele: *Haus – Hauses, dein – deinem, das – des, bunt – bunten*

▶ **Doppelpunkt**
→ S. 20, 82

▶ **Einschub / eingeschobener Satz(teil)**
→ S. 84, 85

▶ **Empfindungswort**
Empfindungswörter verwendet man, um spontane Gefühlsregungen oder
Bewertungen auszudrücken. Sie können nicht verändert (↑ konjugiert oder
↑ dekliniert) werden. Mit ihnen lassen sich sehr gut Einwortsätze bilden, die
dann meist mit einem ↑ Ausrufezeichen abgeschlossen werden.
Beispiele: *Nanu! Hm! Oho! Hihi! Ätsch! Pfui! Hurra! Hoppla!*
→ S. 13

144 ◢ Fachbegriffe

▶ **Entscheidungsfrage / Satzfrage**
→ S. 17

▶ **Ergänzungsfrage / Wortfrage**
→ S. 17

▶ **Feststehende Wendung**
Unter feststehenden Wendungen versteht man Einheiten aus mehreren Wörtern, die untrennbar zusammengehören. Beinhaltet das ↑ Prädikat eines ↑ Satzes eine feststehende Wendung, dann zählen alle diese Wörter zum Prädikat dazu.
Beispiele: Sie *hatten Angst*, aber *unternahmen* dennoch *einen Versuch*.
  Lass doch bitte mal *die Kirche im Dorf*, Christoph!
→ S. 8

▶ **Frage / Fragesatz / Fragezeichen**
→ S. 16

▶ **Gedankenstrich**
→ S. 84

▶ **Hauptsatz**
→ S. 30

▶ **Imperativ** (Befehlsform)
Der Imperativ ist diejenige Form des ↑ Verbs, mit der man eine ↑ Aufforderung oder einen Befehl ausdrückt. Enthält ein ↑ Satz einen Imperativ, handelt es sich dabei um einen Aufforderungssatz.
Beispiele: *Geh* nicht! *Rufe* mich bitte heute Nachmittag *an*!
  Kommt hierher! *Haltet* uns *fest*!
  Bitte *zieh* Sie Ihre Schuhe *aus*.

▶ **Infinitiv**
Der Infinitiv ist die Grundform eines ↑ Verbs. Er endet im Deutschen immer auf *-en* oder *-n*.
Beispiele: *fliegen, schwimmen, gießen, hämmern, sein, tun*
→ S. 54, 55

▶ **Klammer**
→ S. 85

▶ **Komma**
→ S. 20, 26, 30, 36, 38, 48, 54, 55, 62, 68, 72, 75

Fachbegriffe 145

▶ **konditional / konditionaler Nebensatz**
Mit „konditional" ist eine Sinnrichtung gemeint, die eine Bedingung aus-
drückt: Unter welcher Bedingung ist etwas möglich? Konditionale ↑ Ne-
bensätze werden in der Regel mit den ↑ Konjunktionen *wenn* oder *falls* ein-
geleitet – oder sie bleiben uneingeleitet.
Beispiele: *Wenn wir den Vogelmenschen helfen könnten, wäre ich sehr froh!*
Wären ihre Kinder wieder zu Hause, fände sicherlich ein Fest statt.
→ S. 36

▶ **konjugieren / Konjugation**
Alle ↑ Verben können konjugiert („gebeugt"), also in verschiedene Formen
gesetzt werden, beispielsweise in verschiedene Personen, Numeri (Singular
und Plural) oder Zeiten. Bei den anderen Wortarten, die gebeugt werden
können, spricht man vom ↑ „Deklinieren".
Beispiele: *rennen – ich renne, wir rannten, gerannt, rennend*

▶ **Konjunktion** (Bindewort)
Konjunktionen verbinden Wörter, Wortgruppen oder ↑ Sätze miteinander.
Sie können nicht verändert (↑ konjugiert oder ↑ dekliniert) werden.
Beispiele: *und, denn, aber, doch, als, dass, wenn, falls, als, wie, obwohl*
→ S. 30, 36, 48, 72, 80

▶ **Nachsatz**
→ S. 37

▶ **Nebensatz**
→ S. 36, 37, 38

▶ **Nomen** (Hauptwort, Namenwort, Substantiv)
Nomen bezeichnen Lebewesen, Gegenstände sowie Gefühle oder Zustände.
Sie geben ihnen „Namen". Meist haben Nomen einen ↑ Artikel bei sich ste-
hen; sie können ↑ dekliniert werden.
Beispiele: *(die) Insel, (der) Speer, (ein) Kind, (das) Erlebnis, Ängste*

▶ **Objekt** (Satzergänzung)
Objekte sind ↑ Satzglieder, die vom ↑ Prädikat gefordert werden. Sie kom-
men nicht in allen, aber in vielen ↑ Sätzen vor. Man unterscheidet zwischen
(recht seltenen) Genitivobjekten, Dativ- und Akkusativobjekten.
Beispiele: *Die Reptilienmenschen werden mehrerer Kindesentführungen*
bezichtigt. (Genitivobjekt)
Daher misstrauen ihnen die Vogelmenschen. (Dativobjekt)
Die Kinder übersahen eine Fallgrube. (Akkusativobjekt)

146 / Fachbegriffe

▶ **Passiv** (Leideform)
Das Passiv ist diejenige Form des ↑ Verbs, bei der das ↑ Subjekt als von der Handlung betroffen dargestellt wird, also etwas mit ihm geschieht oder getan wird. Um diese Form zu bilden, benötigt man im Deutschen eines der Hilfsverben *werden* oder *sein*. Das Gegenteil vom Passiv ist das ↑ Aktiv.
Beispiele: *Die Kinder der Vogelmenschen <u>wurden entführt</u>.*
            Christophs Wunde <u>ist</u> schon <u>versorgt</u>.

▶ **Partizip** (Mittelwort)
→ S. 62

▶ **Prädikat** (Satzaussage)
Mit Prädikat bezeichnet man das wichtigste ↑ Satzglied, ohne das ein ↑ Satz nicht vollständig ist.
Beispiele: *Die Kinder <u>reisen</u> nach Südafrika. Ein Abenteuer <u>steht</u> ihnen <u>bevor</u>.*
→ S. 8

▶ **Prädikativ**
Mit Prädikativ bezeichnet man eine Art von ↑ Satzglied, das bei bestimmten Verben auftritt. Man kann es aber auch als Teil des ↑ Prädikats betrachten.
Beispiele: *Christoph und Lena sind <u>Geschwister</u>. Lena wurde <u>seekrank</u>.*
→ S. 9

▶ **Pronomen** (Fürwort, Stellvertreter)
Als Pronomen werden Wörter bezeichnet, die stellvertretend für ein Nomen stehen. Sie können ↑ dekliniert werden. Zu den Pronomen gehören u. a. Demonstrativ-, Possessiv- oder ↑ Relativpronomen.
Beispiele: *Von allen Vogelmenschen war <u>dieser</u> der freundlichste.*
            (Demonstrativpronomen)
            Wem gehört die Speerschleuder? – <u>Meine</u> ist das nicht.
            (Possessivpronomen)
            Die Insel, auf <u>der</u> die Kinder strandeten, barg manches Geheimnis.
            (Relativpronomen)

▶ **Punkt**
→ S. 8

▶ **Redebegleitsatz**
Der Begleitsatz gibt bei der ↑ wörtlichen Rede Auskunft darüber, wer spricht und wie er das tut.
Beispiele: *„Halt!", <u>warnte Christoph</u>. – <u>Lena fragte</u>: „Was hast du denn?"*
→ S. 20

Fachbegriffe 147

▶ **Relativpronomen** (bezügliches Fürwort)
Das Relativpronomen leitet einen Relativsatz, eine Art von ↑ Nebensatz, ein und ersetzt darin ein ↑ Nomen oder ↑ Pronomen des übergeordneten ↑ Satzes.
Beispiele: *der, die, das; welcher, welche, welches*

▶ **Satz**
Ein Satz ist eine sprachliche Äußerung, die in der Regel mindestens aus ↑ Subjekt und ↑ Prädikat besteht. Am Ende steht ein ↑ Satz-Schlusszeichen. Es gibt aber auch unvollständige Sätze.
Beispiele: *Die beschauliche Schiffsreise wurde zu einem Abenteuer.*
Wer hätte das gedacht?
Lies die Geschichte bis zum Ende.
Warum das? Na so halt! (unvollständige Sätze)
→ S. 8

▶ **Satzgefüge**
→ S. 36, 38

▶ **Satzglied**
Satzglieder sind die Bausteine, aus denen ein ↑ Satz besteht. Die wichtigsten sind ↑ Subjekt, ↑ Prädikat, ↑ Objekt, und ↑ Adverbiale. Sie können aus nur einem Wort, aus mehreren oder auch aus ganzen (Teil-) Sätzen bestehen.
Beispiel: *Lena und Christoph* (Subjekt) *fanden* (Prädikat) *auf der Insel* (Adverbiale des Ortes) *Essbares* (Akkusativobjekt), *nachdem sie eine Weile danach gesucht hatten* (Adverbiale der Zeit).

▶ **Satzreihe**
→ S. 30

▶ **Satz-Schlusszeichen**
Ein Satz-Schlusszeichen steht am Ende eines ↑ Satzes. Möglich sind ↑ Punkt, ↑ Ausrufezeichen und ↑ Fragezeichen.

▶ **Strichpunkt** (Semikolon)
→ S. 80

▶ **Subjekt** (Satzgegenstand)
Mit Subjekt bezeichnet man dasjenige ↑ Satzglied, nach dem man mit „Wer oder was?" fragt.
Beispiele: *Ziemlich verunsichert blickte* <u>*Atepomaros*</u> *drein.*
<u>*Die Speere*</u> *waren tatsächlich sehr wirkungsvoll.*
→ S. 9

▶ **Verb** (Tunwort, Zeitwort)

Verben sind Wörter, die eine Tätigkeit, ein Geschehen, einen Vorgang oder einen Zustand bezeichnen. Sie haben jeweils eine Grundform (↑ Infinitiv), die durch unterschiedliche Personalendungen in verschiedene Personen gesetzt (↑ konjugiert) werden kann. Mit Verben können auch verschiedene Zeitformen (Gegenwart, Vergangenheit, Zukunft) ausgedrückt werden.

<u>Beispiele</u>: *hören, lachen, springen* (Grundform)
ich höre, du hörst, sie hört, wir hören, ihr hört, sie hören
(Personen)
ich hörte, ich habe gehört, ich höre, ich werde hören
(Zeitformen)

▶ **Vordersatz**

→ S. 37

▶ **Wörtliche Rede**

→ S. 20

▶ **Wunsch / Wunschsatz**

→ S. 13

▶ **zitieren / Zitat**

Ein Zitat ist eine wörtlich wiedergegebene Stelle aus einem Text oder einer Rede. Wenn man ein Zitat anführt, dann „zitiert" man.

<u>Beispiel</u>: *Der Dichter Matthias Claudius hat es so formuliert: „<u>Wenn einer eine Reise tut, dann kann er was erzählen</u>." Lena und Christoph können davon jetzt ein Lied singen.*

→ S. 82

▶ **Zwischensatz**

→ S. 37

Ihre Meinung ist uns wichtig!

Ihre Anregungen sind uns immer willkommen. Bitte informieren Sie uns mit diesem Schein über Ihre Verbesserungsvorschläge!

Titel-Nr.	Seite	Vorschlag

Lernen · Wissen · Zukunft
STARK

Bitte hier abtrennen

22-VDA

Bitte ausfüllen und im frankierten Umschlag an uns einsenden. Für Fensterkuverts geeignet.

**STARK Verlag
Postfach 1852
85318 Freising**

Zutreffendes bitte ankreuzen!

Die Absenderin/der Absender ist:

- ☐ Lehrer/in in den Klassenstufen: _____
- ☐ Fachbetreuer/in
  Fächer: _____
- ☐ Seminarlehrer/in
  Fächer: _____
- ☐ Regierungsfachberater/in
  Fächer: _____
- ☐ Oberstufenbetreuer/in
- ☐ Schulleiter/in
- ☐ Referendar/in, Termin 2. Staatsexamen: _____
- ☐ Leiter/in Lehrerbibliothek
- ☐ Leiter/in Schülerbibliothek
- ☐ Sekretariat
- ☐ Eltern
- ☐ Schüler/in, Klasse: _____
- ☐ Sonstiges: _____

Unterrichtsfächer: (Bei Lehrkräften)
_____

Absender (Bitte in Druckbuchstaben!)

Name/Vorname _____

Straße/Nr. _____

PLZ/Ort/Ortsteil _____

Telefon privat _____ Geburtsjahr _____

E-Mail _____

Schule/Schulstempel (Bitte immer angeben!)

Kennen Sie Ihre Kundennummer?
Bitte hier eintragen.

☐☐☐☐☐☐☐

Bitte hier abtrennen

Training Deutsch 5.–10. Klasse

Schülergerecht aufbereiteter Lernstoff mit anschaulichen Beispielen, abwechslungsreichen Übungen und erklärenden Lösungen zum selbstständigen Lernen zu Hause.

Gymnasium

Training Deutsch

Leseverstehen 5./6. Klasse	Best.-Nr. 90410
Rechtschreibung und Diktat 5./6. Klasse mit CD	Best.-Nr. 90408
Grammatik und Stil 5./6. Klasse	Best.-Nr. 90406
Aufsatz 5./6. Klasse	Best.-Nr. 90401
Zeichensetzung 5.–7. Klasse	Best.-Nr. 944013
Leseverstehen 7./8. Klasse	Best.-Nr. 90411
Grammatik und Stil 7./8. Klasse	Best.-Nr. 90407
Aufsatz 7./8. Klasse	Best.-Nr. 90403
Aufsatz 9./10. Klasse	Best.-Nr. 90404
Diktat 5.–10. Klasse mit MP3-CD	Best.-Nr. 944012
Rechtschreibung 5.–10. Klasse	Best.-Nr. 944011
Übertritt in die Oberstufe	Best.-Nr. 90409
Epochen der deutschen Literatur im Überblick	Best.-Nr. 104401

Klassenarbeiten/Schulaufgaben Deutsch

Klassenarbeiten 5. Klasse	Best.-Nr. 104051
Klassenarbeiten 6. Klasse	Best.-Nr. 104061
Klassenarbeiten 7. Klasse	Best.-Nr. 104071
Klassenarbeiten 8. Klasse	Best.-Nr. 104081

Kompakt-Wissen Deutsch

Kompakt-Wissen Gymnasium Deutsch Aufsatz	Best.-Nr. 904401
Kompakt-Wissen Gymnasium Rechtschreibung	Best.-Nr. 944065

VERA 8/Jahrgangsstufentests Deutsch

VERA 8 – Deutsch Version C: Gymnasium mit MP3-CD	Best.-Nr. 955482
Jahrgangsstufentest Deutsch 6. Klasse Gymnasium Bayern	Best.-Nr. 954061
Jahrgangsstufentest Deutsch 8. Klasse Gymnasium Bayern	Best.-Nr. 954081

Zentrale Prüfungen Deutsch

Besondere Leistungsfeststellung Deutsch 10. Klasse Sachsen	Best.-Nr. 1454001
Besondere Leistungsfeststellung Deutsch 10. Klasse Thüringen	Best.-Nr. 1654001
Zentrale Klausur Deutsch – NRW	Best.-Nr. 554003

Natürlich führen wir noch mehr Titel für alle Fächer und Stufen: Alle Informationen unter
www.stark-verlag.de

(Bitte blättern Sie um)

Realschule

Training Deutsch

Deutsch Grundwissen 5. Klasse	Best.-Nr. 91445
Deutsch Grundwissen 6. Klasse	Best.-Nr. 91446
Deutsch Grundwissen 7. Klasse	Best.-Nr. 91447
Deutsch Grundwissen 8. Klasse	Best.-Nr. 91448
Rechtschreibung und Diktat 5./6. Klasse mit CD	Best.-Nr. 90408
Zeichensetzung 5.–7. Klasse	Best.-Nr. 91443
Diktat 5.–10. Klasse mit MP3-CD	Best.-Nr. 914412
Rechtschreibung 5.–10. Klasse	Best.-Nr. 914411
Aufsatz 7./8. Klasse	Best.-Nr. 91442
Erörterung und Textgebundener Aufsatz 9./10. Klasse	Best.-Nr. 91441
Deutsch 9./10. Klasse Journalistische Texte lesen, auswerten, schreiben	Best.-Nr. 81442
Epochen der deutschen Literatur im Überblick	Best.-Nr. 104401
Deutsch – Übertritt in die Oberstufe	Best.-Nr. 90409

Klassenarbeiten/Schulaufgaben Deutsch

Klassenarbeiten Deutsch 5. Klasse	Best.-Nr. 1014051
Klassenarbeiten Deutsch 7. Klasse	Best.-Nr. 1014072

Arbeitshefte Deutsch

Arbeitsheft VERA 8 Deutsch Version B: Realschule mit MP3-CD	Best.-Nr. 9154005
Arbeitsheft Deutsch 10. Klasse NRW Realschule · Gesamtschule EK Zentrale Prüfung 2013	Best.-Nr. 5154017

VERA 8/Jahrgangsstufentests Deutsch

VERA 8 – Deutsch Version B: Realschule mit MP3-CD	Best.-Nr. 915482
Jahrgangsstufentest Deutsch 6. Klasse Realschule Bayern	Best.-Nr. 915461
Jahrgangsstufentest Deutsch 8. Klasse Realschule Bayern	Best.-Nr. 915481

Kompakt-Wissen Deutsch

Kompakt-Wissen Realschule Deutsch Aufsatz	Best.-Nr. 914401
Kompakt-Wissen Realschule Rechtschreibung	Best.-Nr. 944065

Hauptschule

Training Deutsch

Deutsch Grundwissen 5. Klasse	Best.-Nr. 93445
Deutsch Grundwissen 6. Klasse	Best.-Nr. 93446
Deutsch Grundwissen 7. Klasse	Best.-Nr. 93447
Deutsch Grundwissen 8. Klasse	Best.-Nr. 93448
Diktat 5.–10. Klasse	Best.-Nr. 934412
Zeichensetzung 5.–7. Klasse	Best.-Nr. 934413
Rechtschreibung 5.–10. Klasse	Best.-Nr. 934411

Arbeitshefte Deutsch

Arbeitsheft VERA 8 Deutsch Version A: Hauptschule mit MP3-CD	Best.-Nr. 9354005
Deutsch 10. Klasse NRW Hauptschule Typ A · Gesamtschule GK Zentrale Prüfung 2013	Best.-Nr. 5354017
Deutsch 10. Klasse NRW Hauptschule Typ B Zentrale Prüfung 2013	Best.-Nr. 5354117
Arbeitsheft Deutsch als Zweitsprache – Grundkurs Lernfeld 1: „Ich und du" mit MP3-CD	Best.-Nr. 1055401
Arbeitsheft Deutsch als Zweitsprache – Grundkurs Lernfeld 2: „Lernen" mit MP3-CD	Best.-Nr. 1055403
Arbeitsheft Deutsch als Zweitsprache – Grundkurs Lernfeld 3: „Sich orientieren" mit MP3-CD	Best.-Nr. 1055405

VERA 8/Jahrgangsstufentest Deutsch

VERA 8 – Deutsch Version A: Hauptschule mit MP3-CD	Best.-Nr. 935482
Jahrgangsstufentest Deutsch 6. Klasse Hauptschule Bayern	Best.-Nr. 935461

Kompakt-Wissen Deutsch

Kompakt-Wissen Hauptschule Deutsch Aufsatz	Best.-Nr. 934401

Bestellungen bitte direkt an:
STARK Verlagsgesellschaft mbH & Co. KG · Postfach 1852 · 85318 Freising
Tel. 0180 3 179000* · Fax 0180 3 179001* · www.stark-verlag.de · info@stark-verlag.de
*9 Cent pro Min. aus dem deutschen Festnetz, Mobilfunk bis 42 Cent pro Min.
Aus dem Mobilfunknetz wählen Sie die Festnetznummer: 08167 9573-0

Lernen · Wissen · Zukunft